Dies ist nun das vierte Geldgeschenke-Buch von mir und es beinhaltet wieder sowohl sehr einfache als auch sehr komplexe Origami-Geldobjekte. Die Origami-Projekte, die für dieses Buch entworfen wurden, können mit jeder Währung gefaltet werden. Die angegebenen zusätzlichen Materialien sind hierbei nur Vorschläge.

Prost

Flasche

MOTIVGRÖSSE
ca. 8 cm (z. B. 5 EUR oder 1 USD)

MATERIAL
- Ein Geldschein

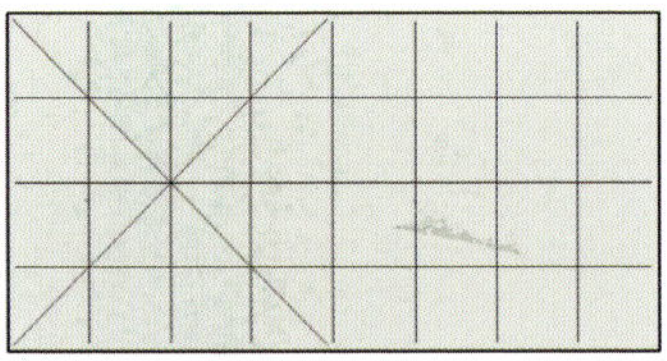

1 Falten Sie den Schein, wie in der Grundanleitung „Fächer 4 x 8“ beschrieben. Falten Sie dort den Faltschritt 4 komplett und nicht als Markierungsfaltung aus.

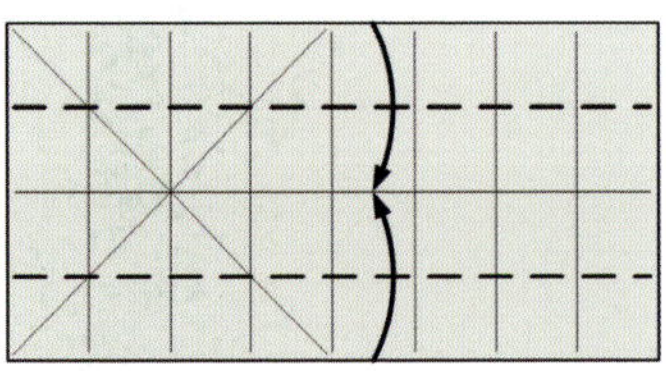

2 Talfalten Sie die obere und untere Kante auf die Mitte.

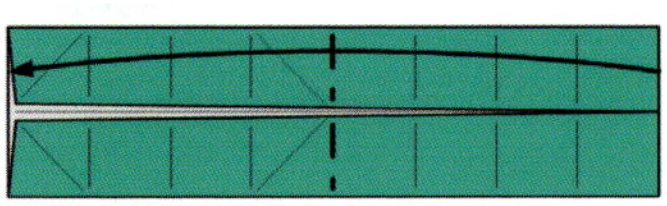

3 Talfalten Sie die rechte Seite nach links.

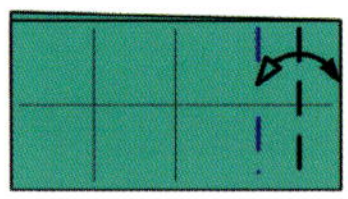

4 Bergfalten Sie den vorhandenen rechten Falz und falten Sie ihn auf die rechte Kante. Führen Sie dabei mittig eine Talfaltung aus. Falten Sie das Objekt wieder auf.

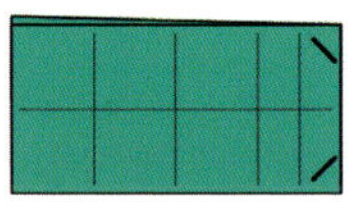

5 Talfalten Sie die obere und untere Kante der zwei Ecken auf den ersten rechten Falz. Falten Sie wieder auf.

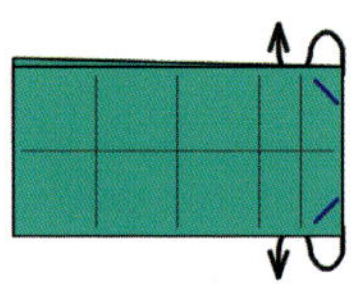

6 Falten Sie die rechten Ecken nach innen zurück.

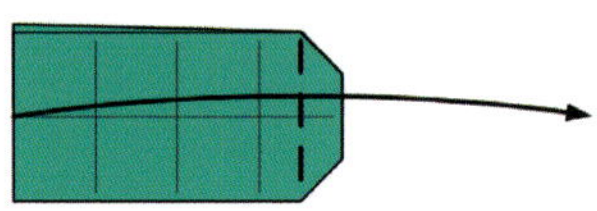

7 Talfalten Sie die obere Lage nach rechts.

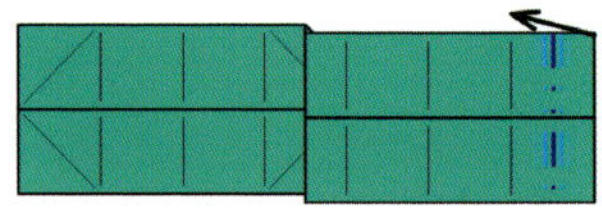

8 Bergfalten Sie die rechte Kante. Dies wird später der Kronkorken. De Abstand ist je nach verwendetem Geldschein und verwendeter Währu unterschiedlich. Beachten Sie die Proportionen der Flasche.

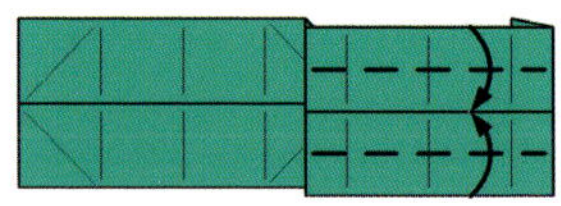

9 Talfalten Sie die obere und unte Kante der rechten Seite auf die Mitte

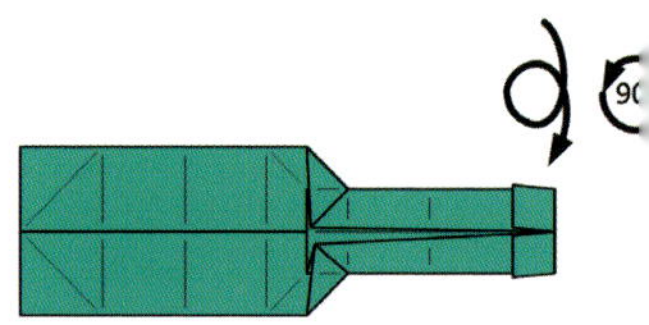

10 Wenden und drehen Sie den Schein.

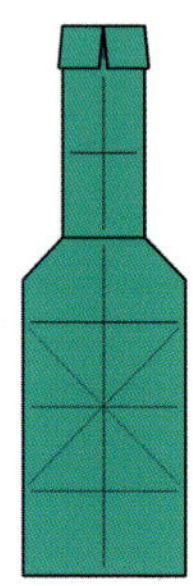

11 Sie sehen nun die fertige Flasche.

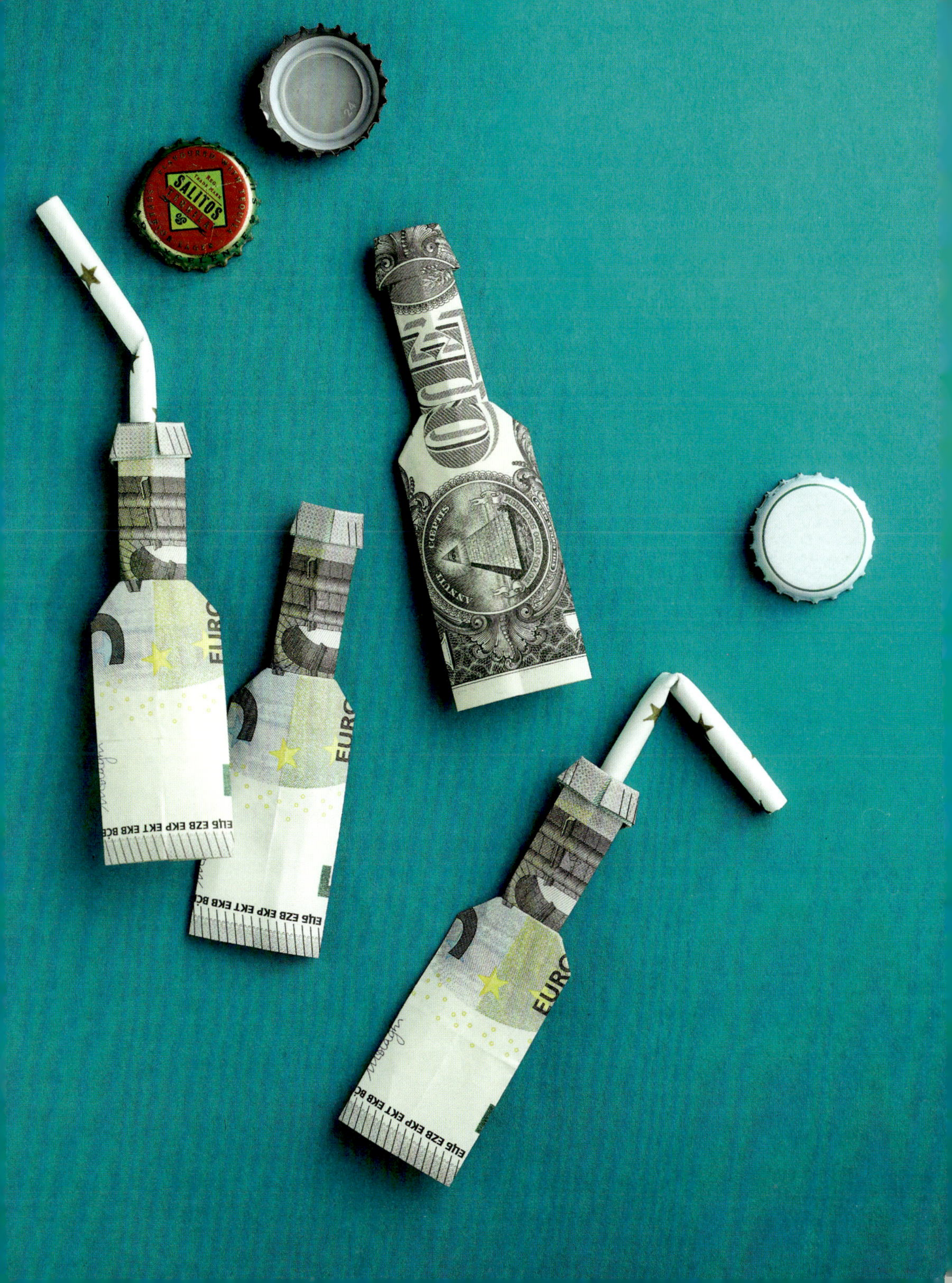

Gourmetküche

Kochmütze

MOTIVGRÖSSE
ca. 4,5 cm (z. B. 5 EUR oder 5 GBP)

MATERIAL
- Ein Geldschein

Mein Tipp für Sie

Je nach verwendetem Geldschein und Können kann der Fächer auch nochmals unterteilt werden. Sie können die Faltschritte 3 und 4 auch weglassen. Wird die Faltung im Faltschritt 5 als Bergfalte gefaltet, kann die Kochmütze auch als Glas fungieren. Der innere Streifen kann dann, wie bei den Babyschuhen im Faltschritt 5, für den Glasboden nach unten gefaltet werden.

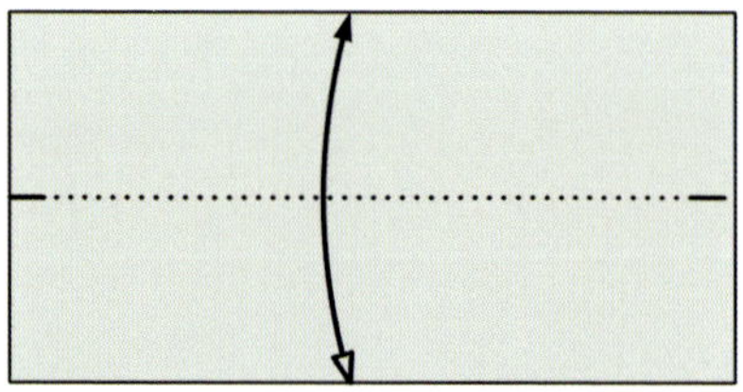

1 Falten Sie die untere Kante auf die obere Kante. Talfalten Sie links und rechts eine Markierungsfaltung. Falten Sie wieder auf.

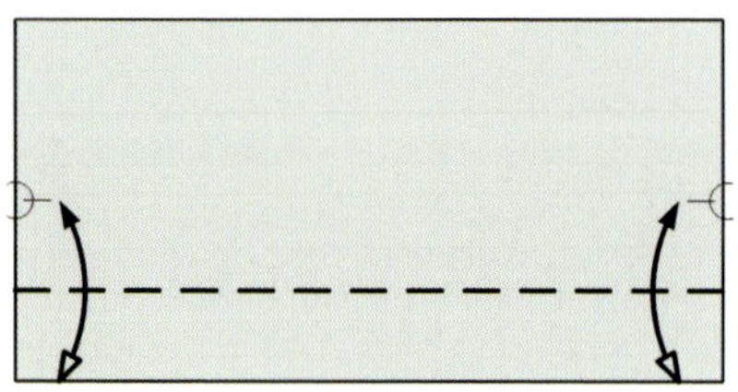

2 Talfalten Sie die untere Kante auf die Markierungsfaltungen. Falten Sie alles wieder auf.

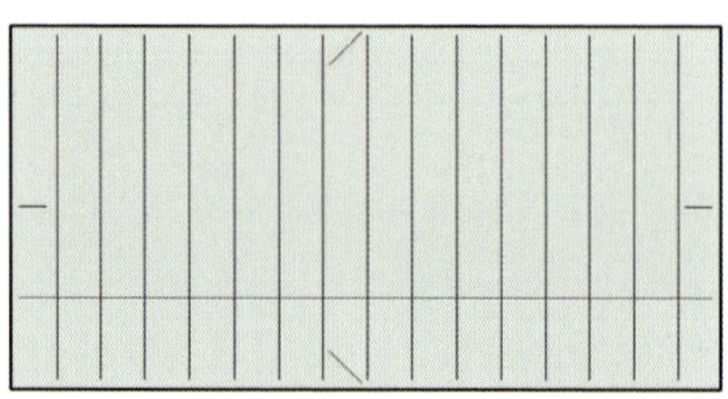

3 Falten Sie den Schein, wie in der Grundanleitung „Fächer 4 x 8“ beschrieben, ab Faltschritt 5.

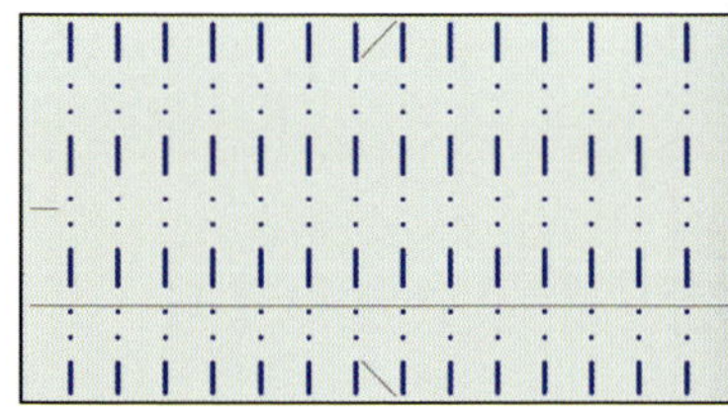

4 Bergfalten Sie nochmals alle vertikale Faltungen.

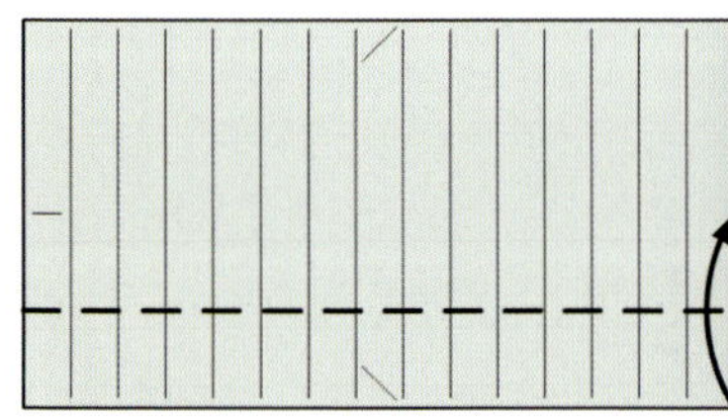

5 Falten Sie die Faltung aus Faltschritt 2

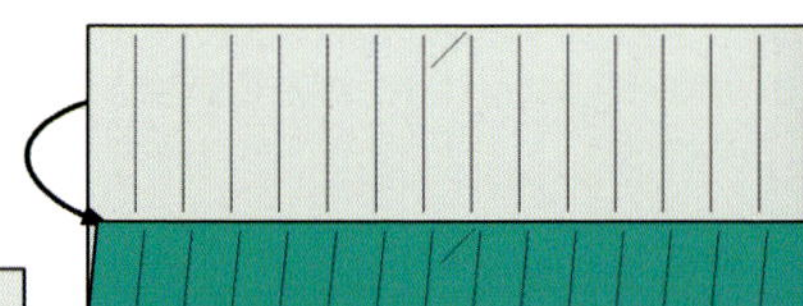

6 Stecken Sie die rechte Seite in die link Seite. Das Objekt bildet einen Zylinder. Schieben Sie die Seiten soweit ineinander bis die Proportionen stimmen.

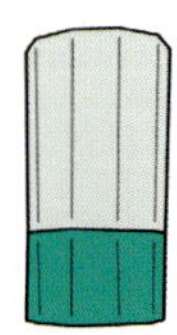

7 Dies ist die fertige Kochmütze.

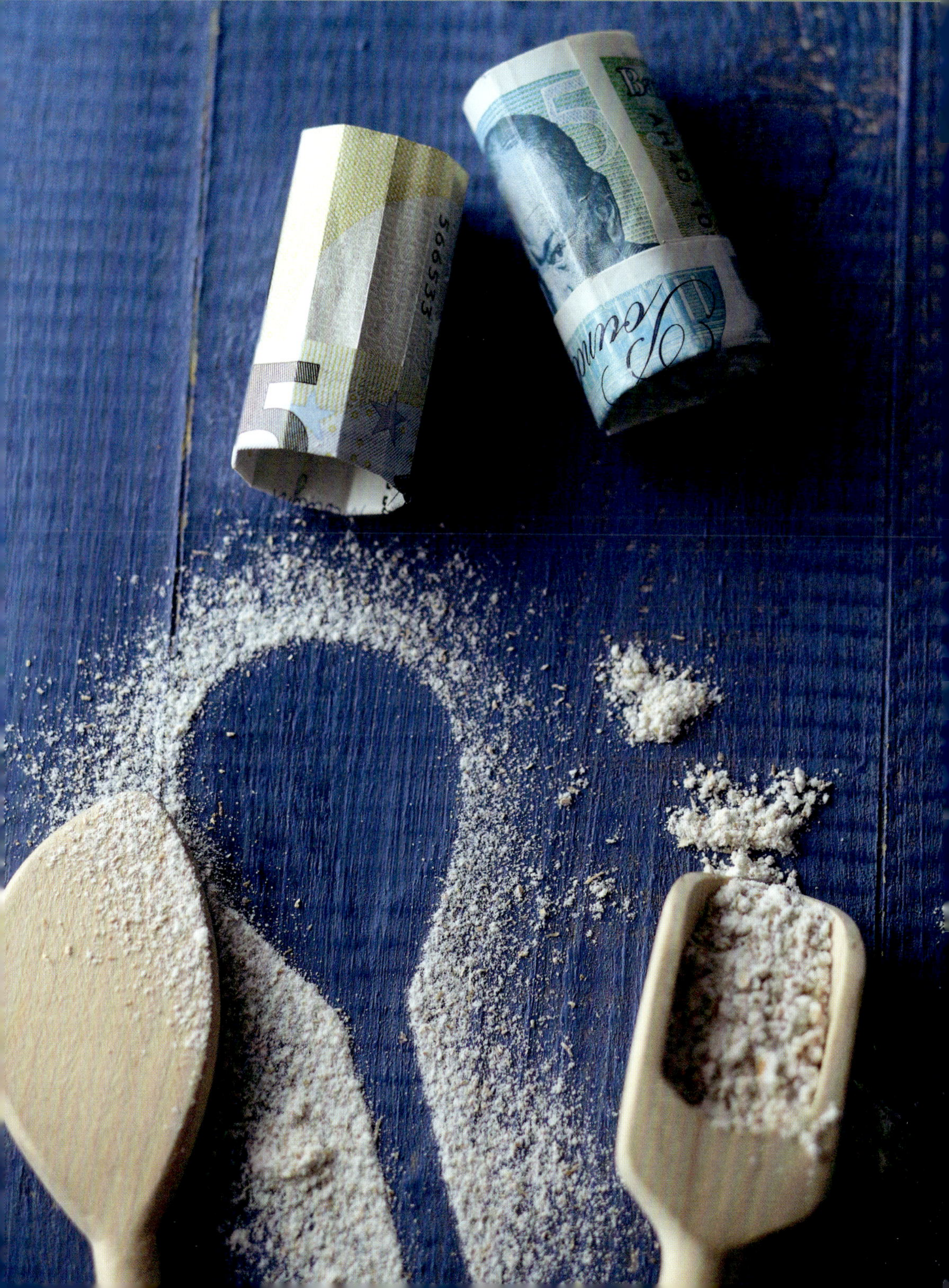

Guten Appetit

Messer

MOTIVGRÖSSE
ca. 10 cm (z. B. 5 EUR, 10 CHF, 1000 YEN, 1 USD oder 10 RAND)

MATERIAL
- Ein Geldschein

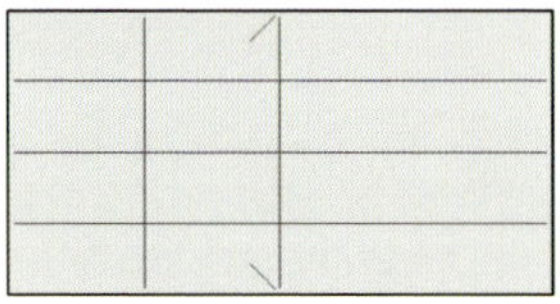

1 Falten Sie den Schein, wie in der Grundanleitung „Fächer 4 x 8“ beschrieben, bis einschließlich Faltschritt 9. Falten Sie den Geldschein dann wieder auf.

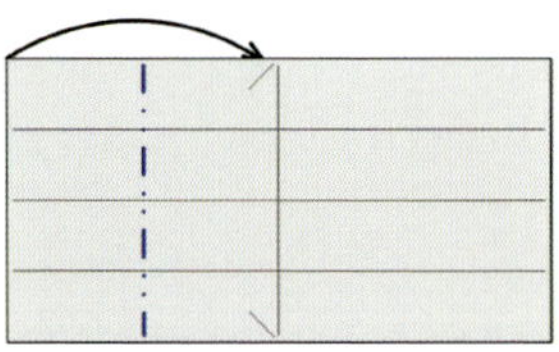

2 Bergfalten Sie den ersten Falz von links auf die Rückseite des Geldscheins.

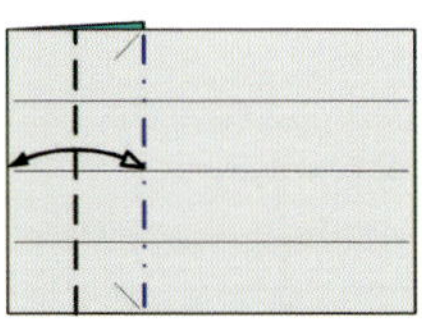

3 Bergfalten Sie den vorhandenen linken Falz und falten Sie ihn auf die linke Kante. Führen Sie dabei mittig eine Talfaltung aus. Falten Sie den Schein wieder auf.

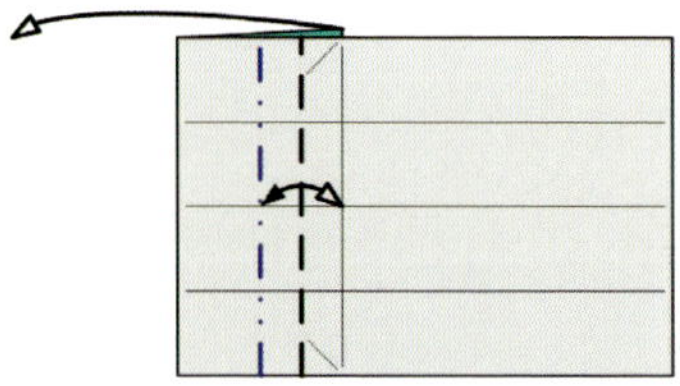

4 Bergfalten Sie den vorhandenen linken Falz und falten Sie ihn auf den rechten Falz. Führen Sie dabei mittig eine Talfaltung aus. Falten Sie wieder auf.

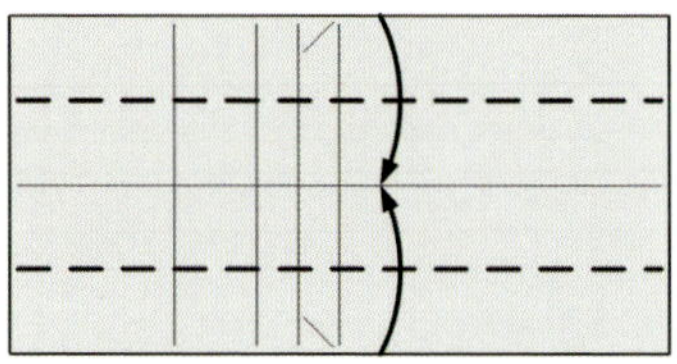

5 Talfalten Sie die obere und untere Kante auf die Mitte.

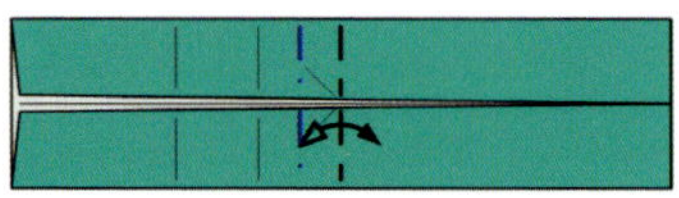

6 Berg- und talfalten Sie die linke Seite nach rechts.

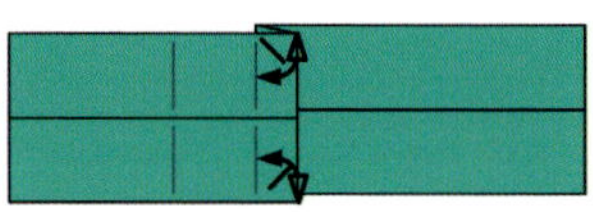

7 Talfalten Sie die obere und untere Kante der inneren Ecken auf den Falz. Falten Sie das Objekt wieder auf.

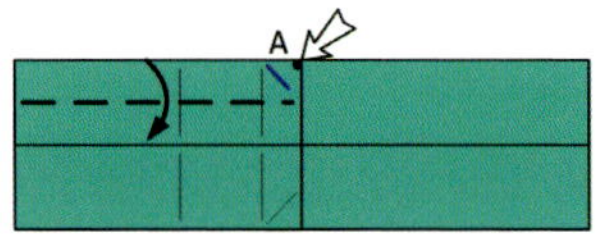

8 Talfalten Sie die obere Kante auf die Mitte und drücken Sie dabei die innere Ecke zu einem Dreieck auseinander.

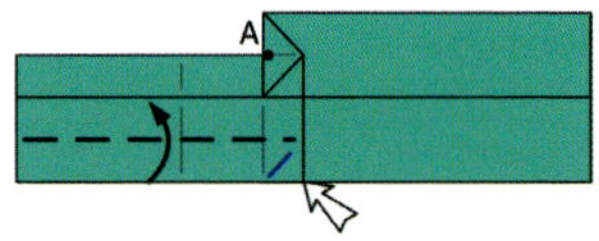

9 Wiederholen Sie den Faltschritt mit der unteren Kante.

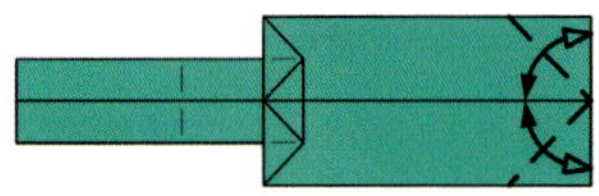

10 Talfalten Sie die rechten Ecken auf die Mitte. Falten Sie sie wieder au

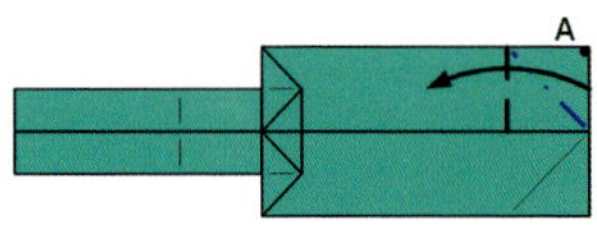

11 Falten Sie die rechte Kante der oberen Lage nach unten auf die Mitte (dies ist eine Tafelspitzfaltung, die Si vielleicht auch aus der Serviettenfaltung kennen).

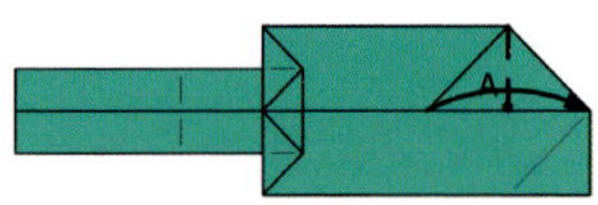

12 Talfalten Sie die Spitze nach rechts.

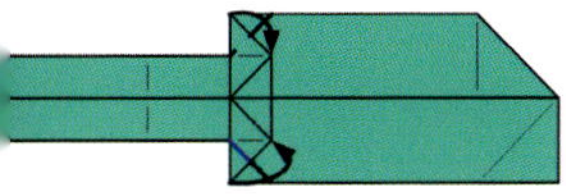

.3 Talfalten Sie die obere Ecke auf ie innere Ecke. Die untere Ecke falten ie nach innen zurück.

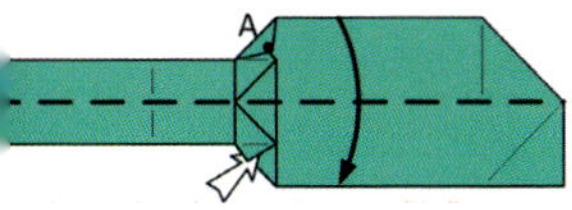

.4 Talfalten Sie die obere Seite auf ie untere. Die Ecke A wird unter die wei Lagen gelegt oder später mit otokleber fixiert.

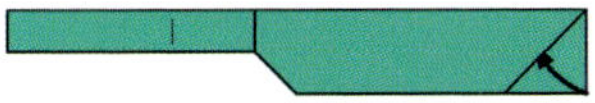

15 Falten Sie nun die untere Ecke in die Lasche.

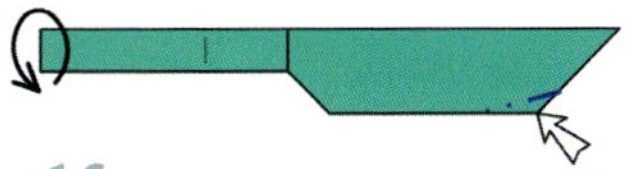

16 Das Messer kann noch weiter ausgeformt werden.

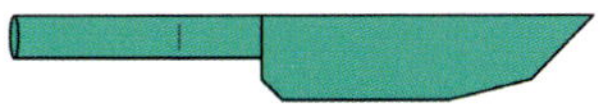

17 So sieht das fertige Messer aus.

Mein Tipp für Sie

Durch Verschieben der Faltung aus Faltschritt 6 wird der Messergriff kürzer und die Messerklinge länger.

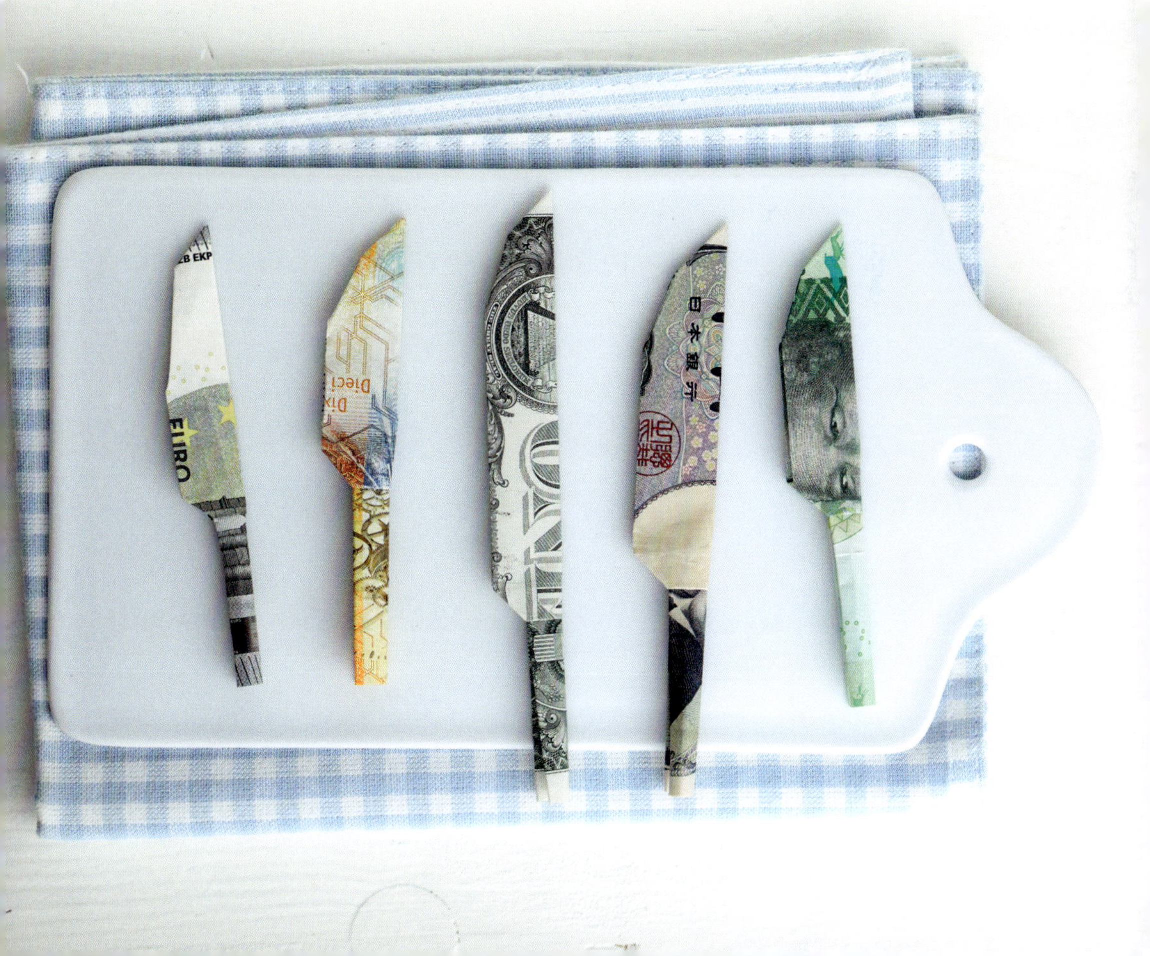

Hör auf deinen Song

Gitarre

MOTIVGRÖSSE
ca. 8 cm (z. B. 5 EUR oder 1 USD)

MATERIAL
- Ein Geldschein

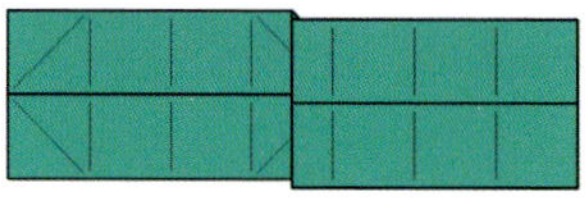

1 Falten Sie die Flasche bis einschließlich Faltschritt 7.

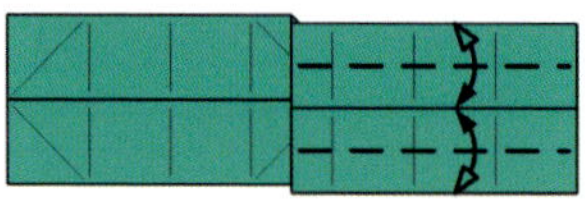

2 Talfalten Sie die obere und untere Kante der rechten Seite auf die Mitte. Falten Sie wieder auf.

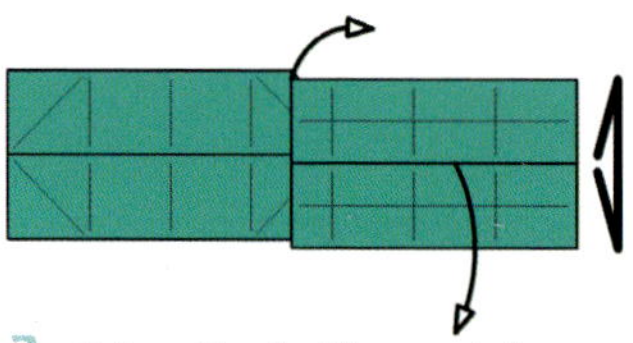

3 Falten Sie die Mitte und die untere Lage auf. Die Linien rechts zeigen Ihnen wie die Lagen liegen sollten.

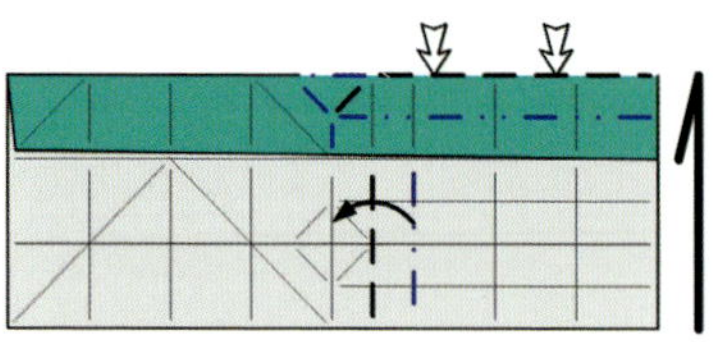

4 Drücken Sie die obere rechte Kanta nach innen, bis sie zu einer Talfaltung wird. Gleichzeitig falten Sie die rechte Seite nach links.

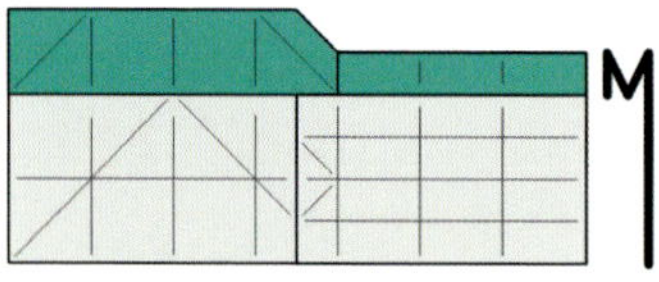

5 Falten Sie den Schein wieder zum Faltschritt 3 und wiederholen Sie die Faltung mit der unteren rechten Seite.

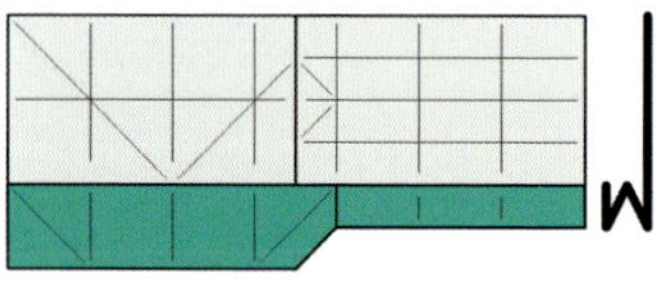

6 Falten Sie den Schein wieder zum Faltschritt 3 und falten Sie die obere und untere rechte Seite gleichzeitig.

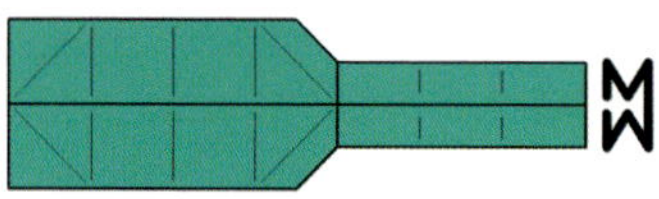

7 Wenden Sie den Schein.

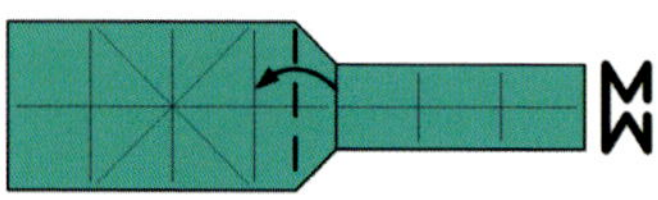

8 Talfalten Sie die obere Lage nach links.

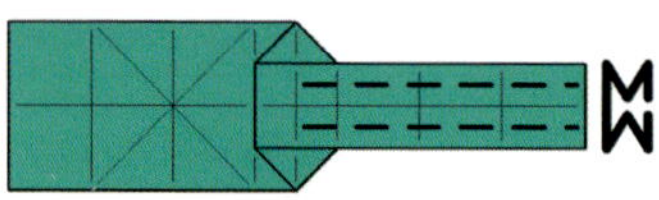

9 Talfalten Sie die obere und untere Kante der oberen Lage auf die Mitte. Falten Sie wieder auf.

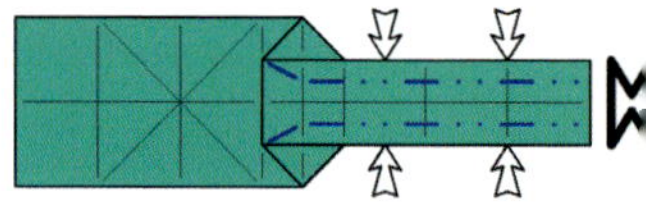

10 Drücken Sie die obere und unte re Kante nach innen. Siehe vorhergehende Faltschritte.

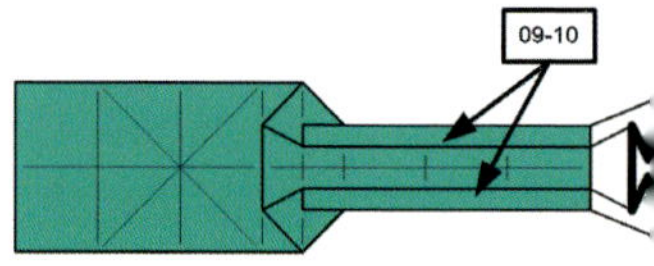

11 Wiederholen Sie die Faltschritte 9 und 10 mit der hinteren Lage.

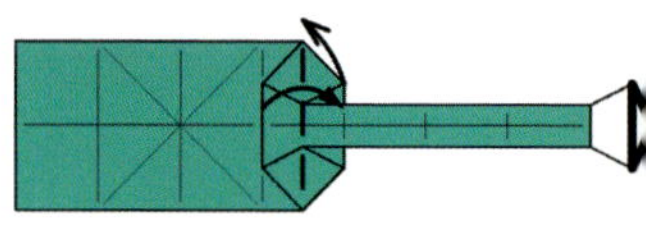

12 Klappen Sie die Lagen um.

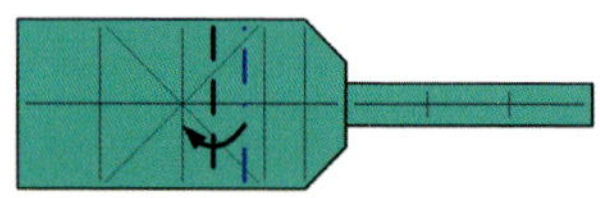

13 Bergfalten Sie etwas links von dem dritten Falz von links auf den zweiten Falz von links und falten Sie mittig eine Talfalte.

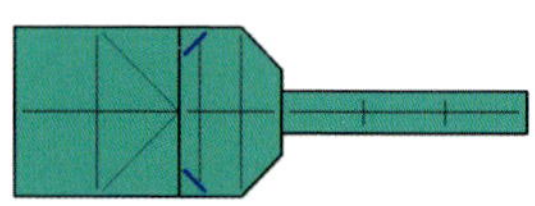

14 Falten Sie die Ecken nach inner zurück.

5 Halten Sie den Gitarrenkopf
st und falten Sie den Gitarren-
als zusammen. Dabei muss nur
er Gitarrenkopf nach links ge-
rückt werden.

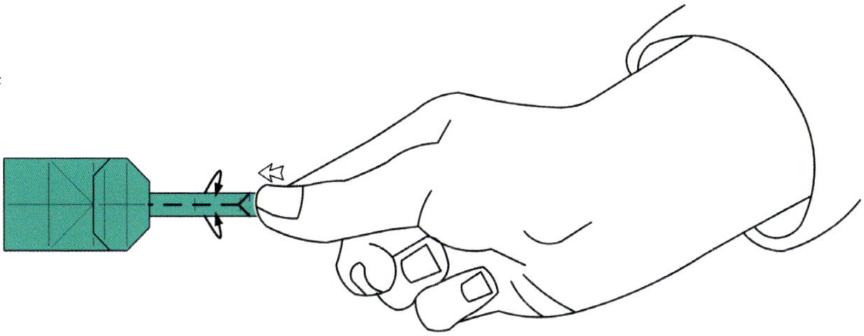

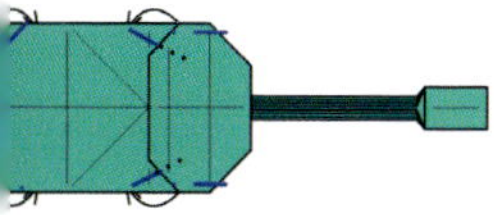

6 Bergfalten Sie die vier Ecken
nd formen Sie die Gitarre aus.

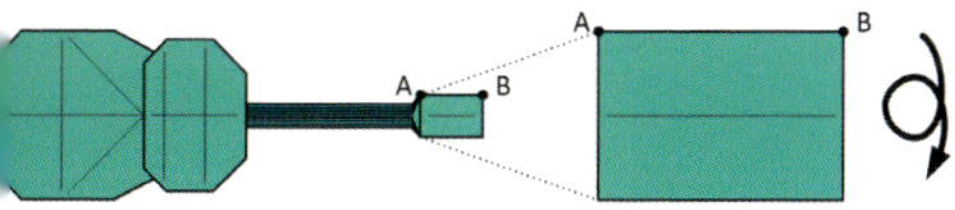

7 Wenden Sie die Gitarre.

8 Falten Sie die
chte Kante der
beren ersten Lage
uf die obere bzw.
ntere Kante.

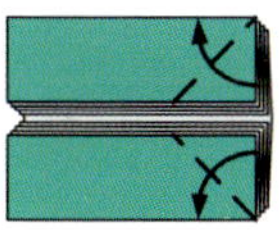

9 Falten Sie
e restlichen
echs Ecken nach
nen zurück.

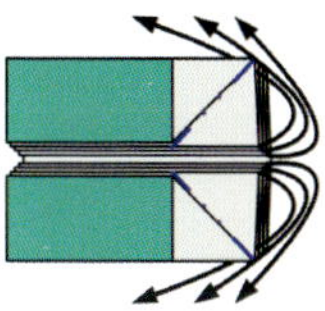

0 Falten Sie
e sechs Spitzen
uf die linke
eite.

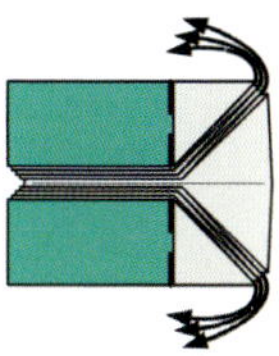

1 Wenden
e die Gitarre.

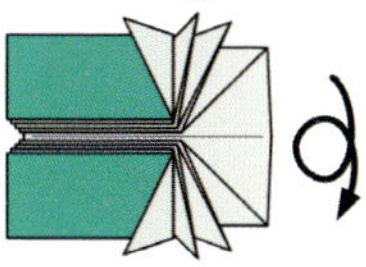

2 Das ist die
rtige Gitarre.

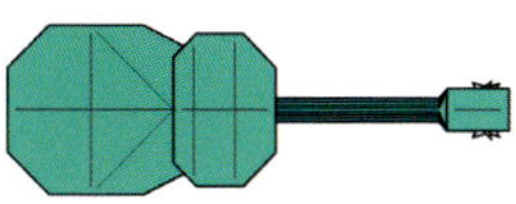

Mein Tipp für Sie

Sie können die Gitarre verändern, indem Sie die vertikalen Zickzackfaltungen im Faltschritt 4 der Flasche und Faltschritt 13 der Gitarre verschieben.

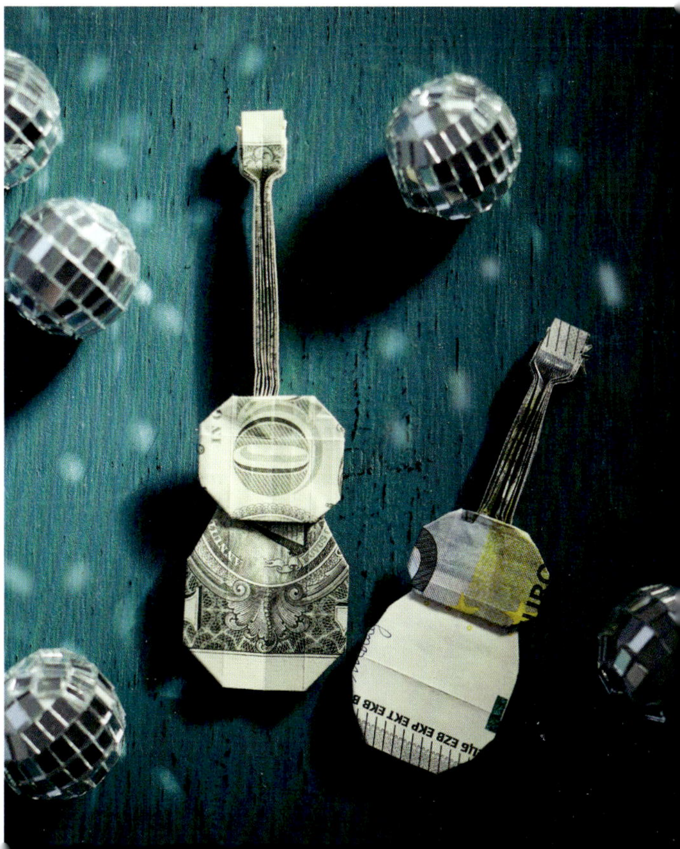

Herzlichen Glückwunsch zur bestandenen Prüfung

Abschlusshut mit Zertifikat

MOTIVGRÖSSE
ca. 3 cm x 3 cm x 3 cm (z. B. 1000 YEN oder 10 CHF)

MATERIAL
- Zwei Geldscheine
- Küchengarn, Wolle oder Geschenkband

Mein Tipp für Sie

Bei sehr kurzen Scheinen kann der Faltschritt 2 für die Krempe weggelassen werden oder die gefaltete Quaste kann durch ein farblich zum Hochschulabschluss passendes Geschenkband ersetzt werden.
Wussten Sie, dass die unterschiedlichen Farben der Hüte unterschiedliche Studienabschlüsse widerspiegeln?

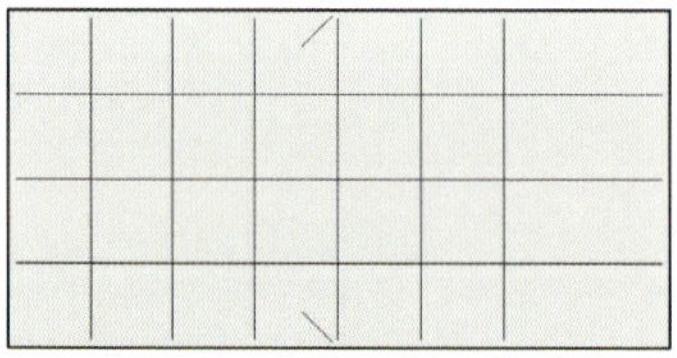

1 Falten Sie den Schein, wie in der Grundanleitung „Fächer 4 x 8“ beschrieben, bis einschließlich Faltschritt 16. Falten Sie den Schein dann wieder auf.

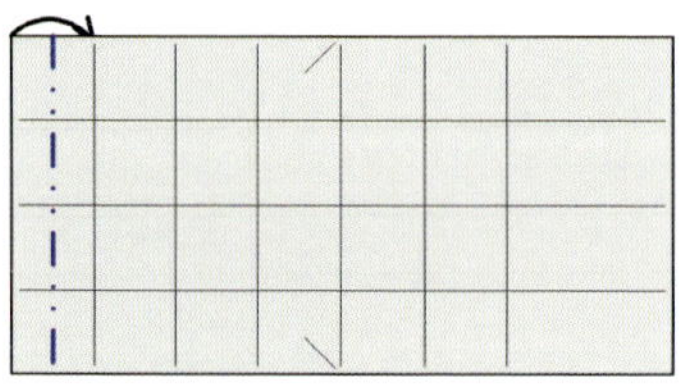

2 Bergfalten Sie die linke Kante auf den linken Falz.

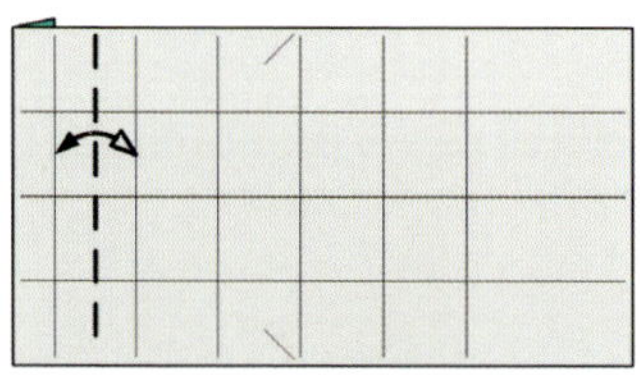

3 Falten Sie eine weitere Talfalte mittig zu den vorhandenen.

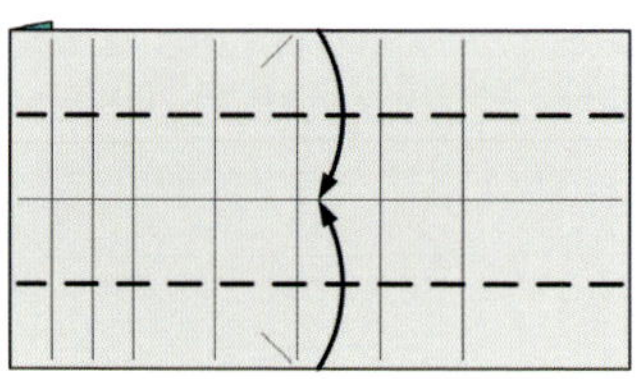

4 Talfalten Sie die obere und untere Kante auf die Mitte.

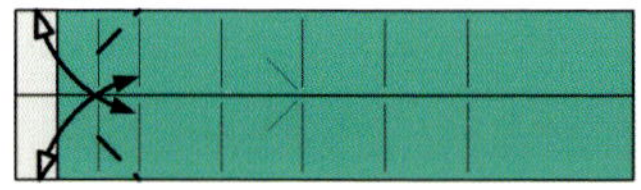

5 Falten Sie die obere und untere Kante auf die Faltung. Falten Sie wieder auf.

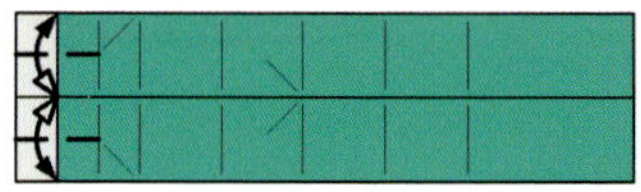

6 Falten Sie die obere und untere Kante auf die Mitte. Falten Sie den Schein wieder auf.

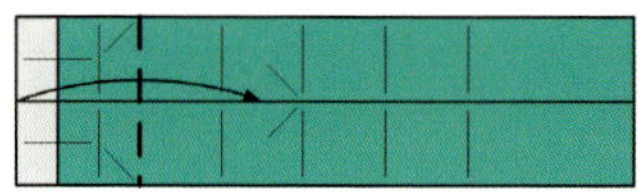

7 Falten Sie die linke Kante auf die rechte Seite.

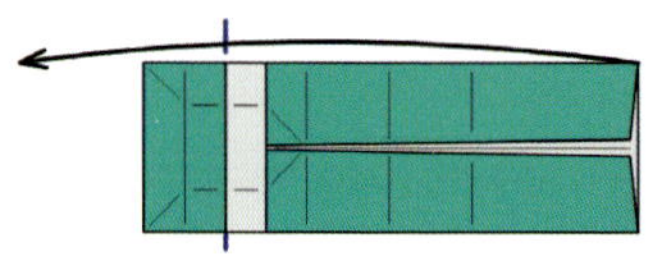

8 Bergfalten Sie die hintere Lage auf die linke Seite.

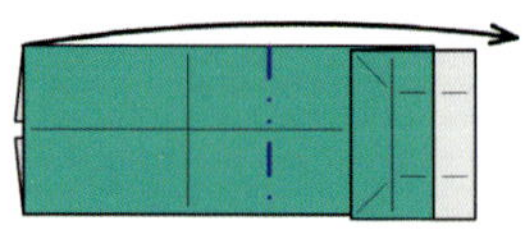

9 Bergfalten Sie die linke Seite auf die rechte Seite.

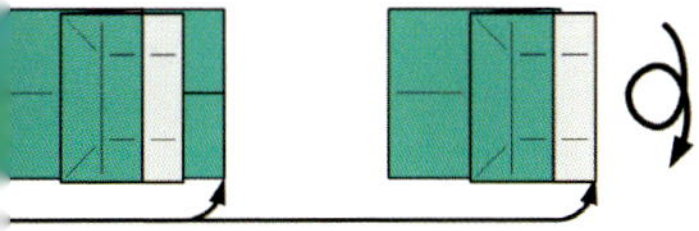

0 Je nach verwendetem Schein
ıd verwendeter Währung kann der
ɔstand größer oder kleiner sein.
'enden Sie den Schein um.

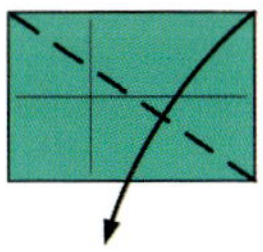

1 Falten Sie die obere rechte Ecke
agonal nach unten.

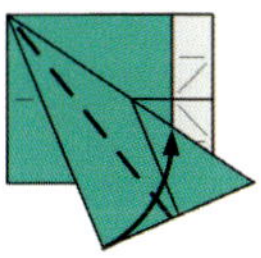

2 Falten Sie die Kanten auf-
nander.

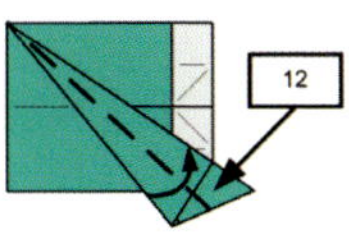

.3 Wiederholen Sie den Falt-
:hritt 12.

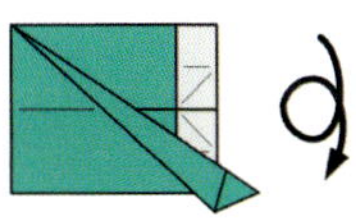

.4 Wenden Sie den Geldschein.

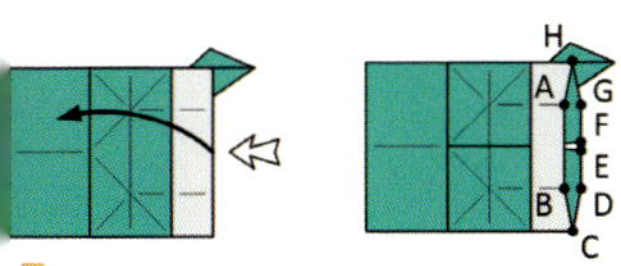

.5 Stellen Sie die obere Lage um 90°
ıf und öffnen Sie die zwei Lagen. Die
ıchstaben werden Ihnen helfen. Wenn
ie den Doktorhut aus Papier falten,
ɔnnen Sie sich die Buchstaben auch
ıit Bleistift auf das Papier schreiben.

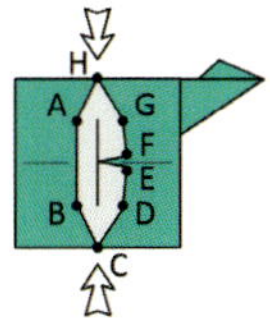

16 Öffnen Sie die Lage und drücken Sie oben und unten die Lagen zusammen.

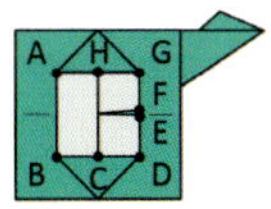

17 Drücken Sie die Lasche zu einem Viereck nach unten.

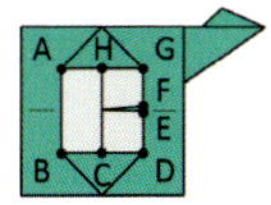

18 Fixieren Sie die Faltschritte 7, 8 und 9 gegebenenfalls mit Fotokleber.

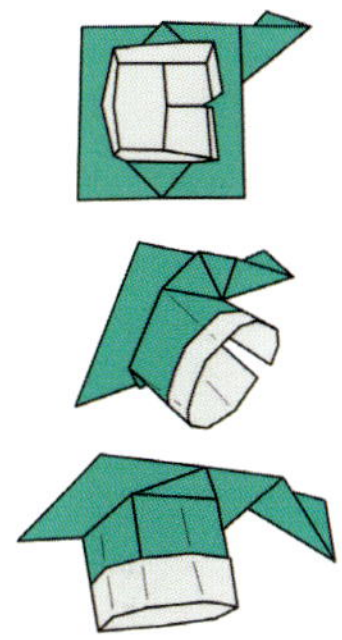

19 Runden Sie die Öffnung noch etwas und fertig ist der Abschlusshut.

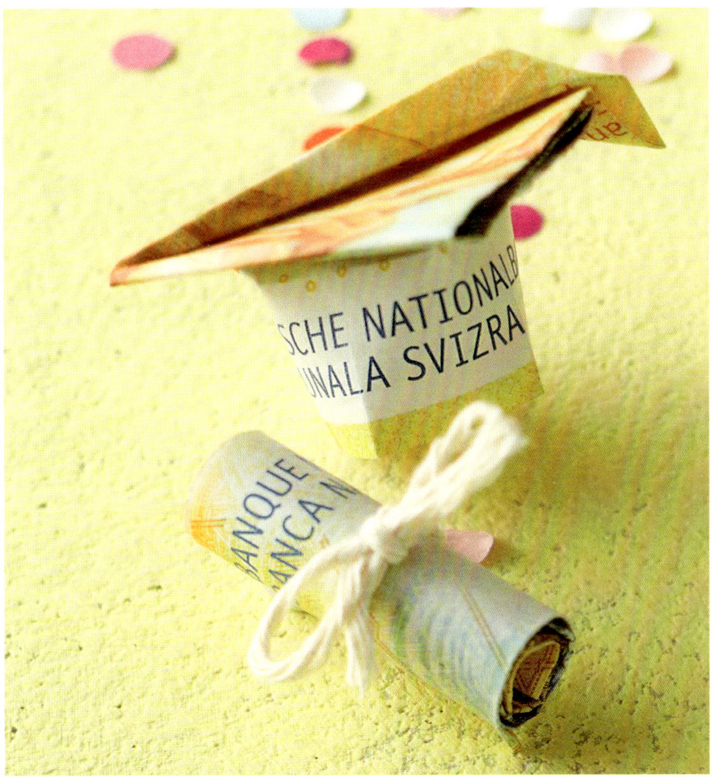

Zertifikat

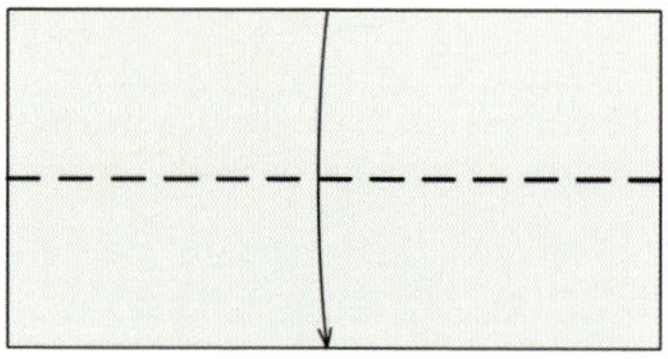

1 Falten Sie die obere Kante auf die untere Kante.

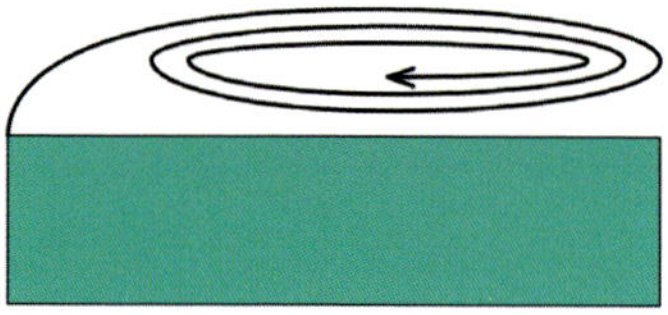

2 Rollen Sie den Schein zu einer Rolle zusammen.

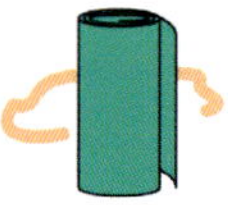

3 Binden Sie ein Geschenkband oder ein Stück Wolle um das Zertifikat.

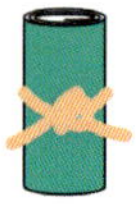

4 Verknoten Sie das Band und fertig ist das Zertifikat.

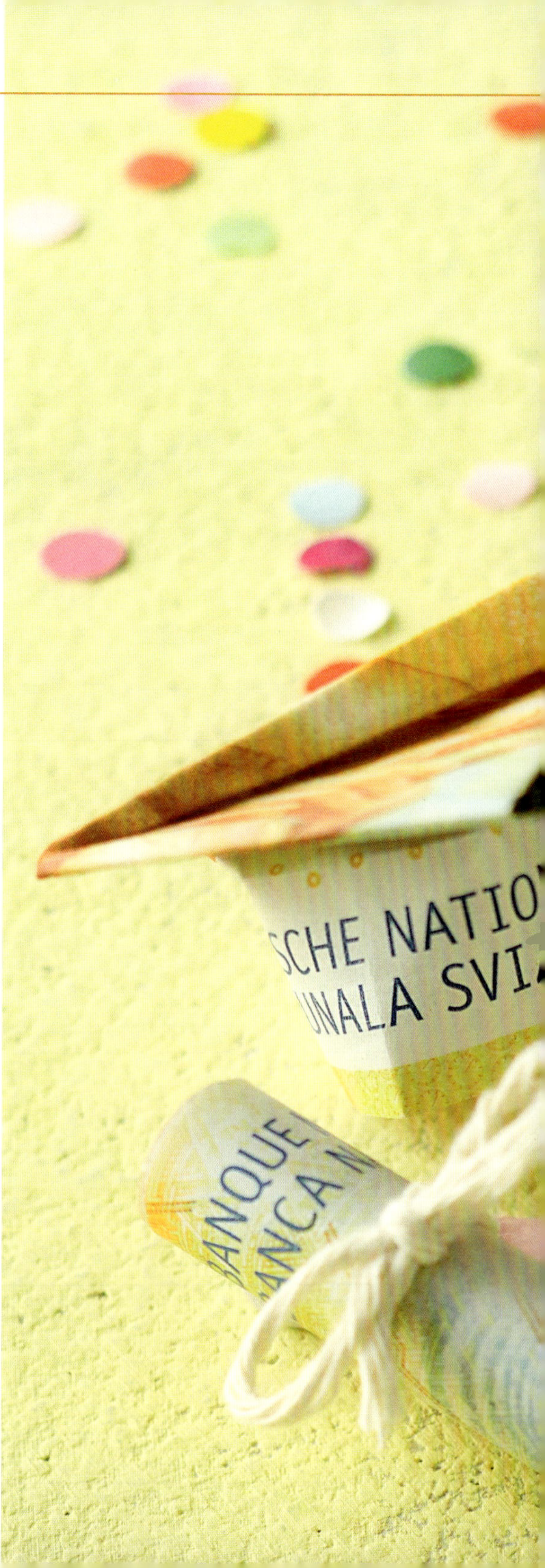

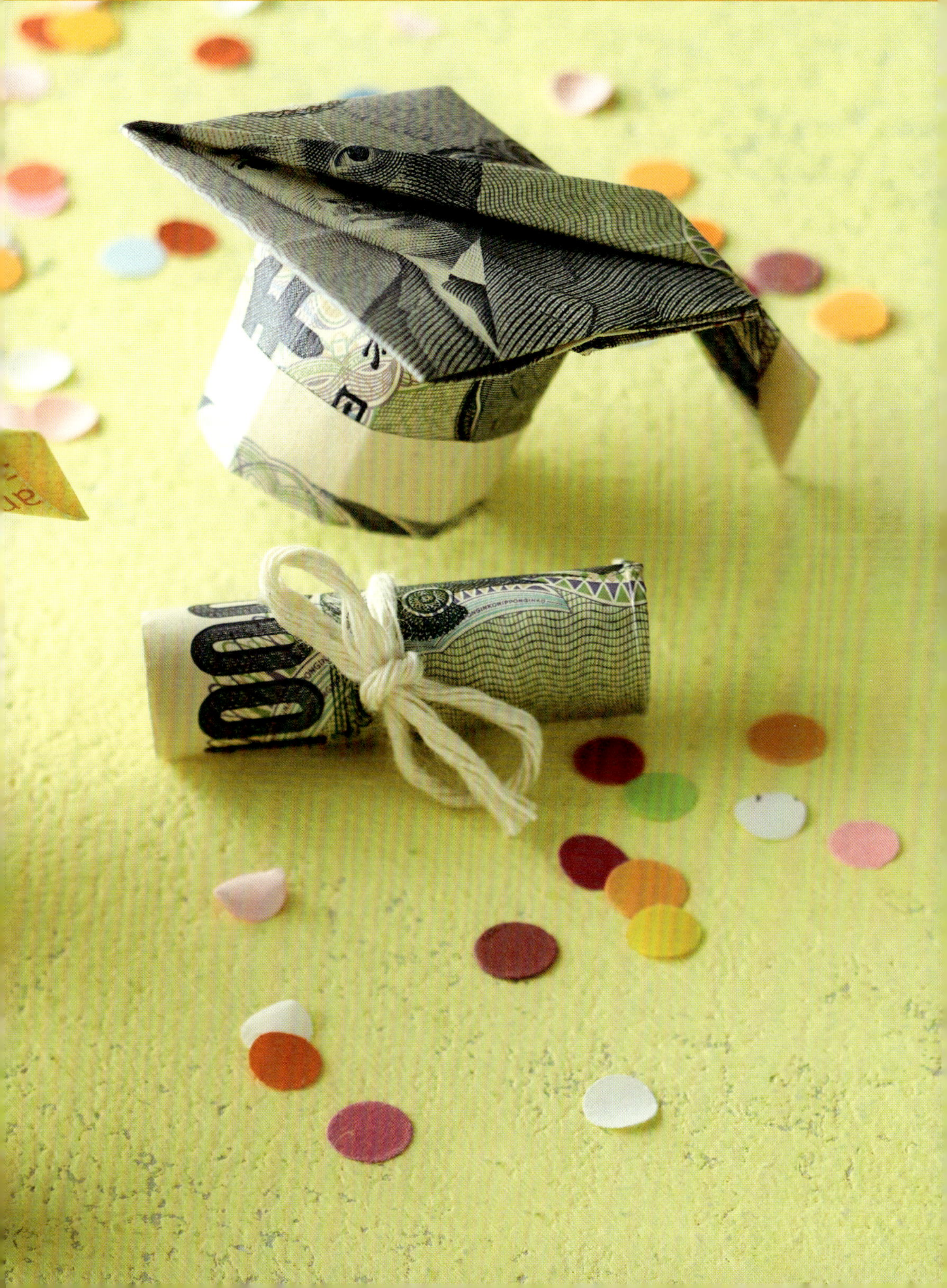

Die kleinsten Füße hinterlassen die größten Spuren

Babyschuhe

MOTIVGRÖSSE

ca. 5 cm (z. B. 5 EUR oder 10 CHF)

MATERIAL

- Zwei gleiche Geldscheine
- Geschenkband
- Fotokleber

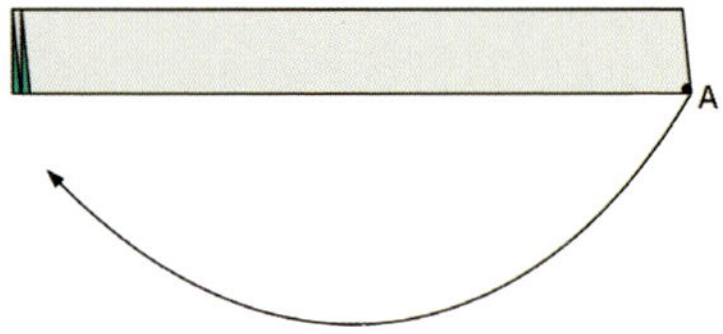

1 Falten Sie den Schein, wie in der Grundanleitung „Fächer 4 x 8" beschrieben, bis einschließlich Faltschritt 3. Drehen Sie die Ecke A auf die linke Seite.

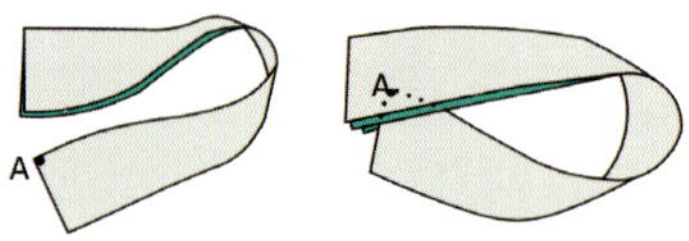

2 Schieben Sie die Ecke A unter die vorletzte Lage der linken Seite.

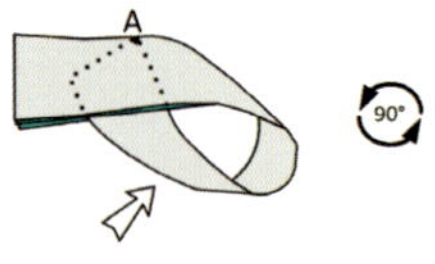

3 Welche Position A in den Lagen einnimmt, ist von Geldschein und Währung abhängig. Schauen Sie sich den Babyschuh von der Seite an, um die Proportionen einzuschätzen.

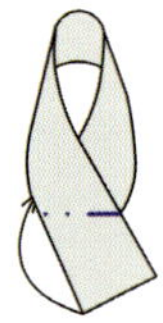

4 Bergfalten Sie das Ende nach hinten und formen Sie die neue Kante etwas gebogen aus.

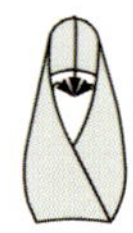

5 Drücken Sie vorsichtig die innere Lage ringsherum nach unten, um den Babyschuh unten zu schließen. Dieser Faltschritt kann auch ausgelassen werden.

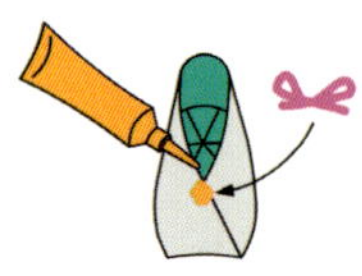

6 Fixieren Sie mit Fotokleber eine kleine Schleife aus Geschenkband.

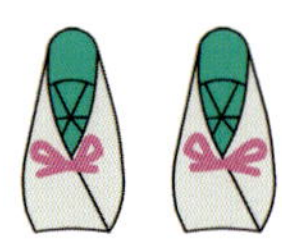

7 So sehen die fertigen Babyschuhe aus.

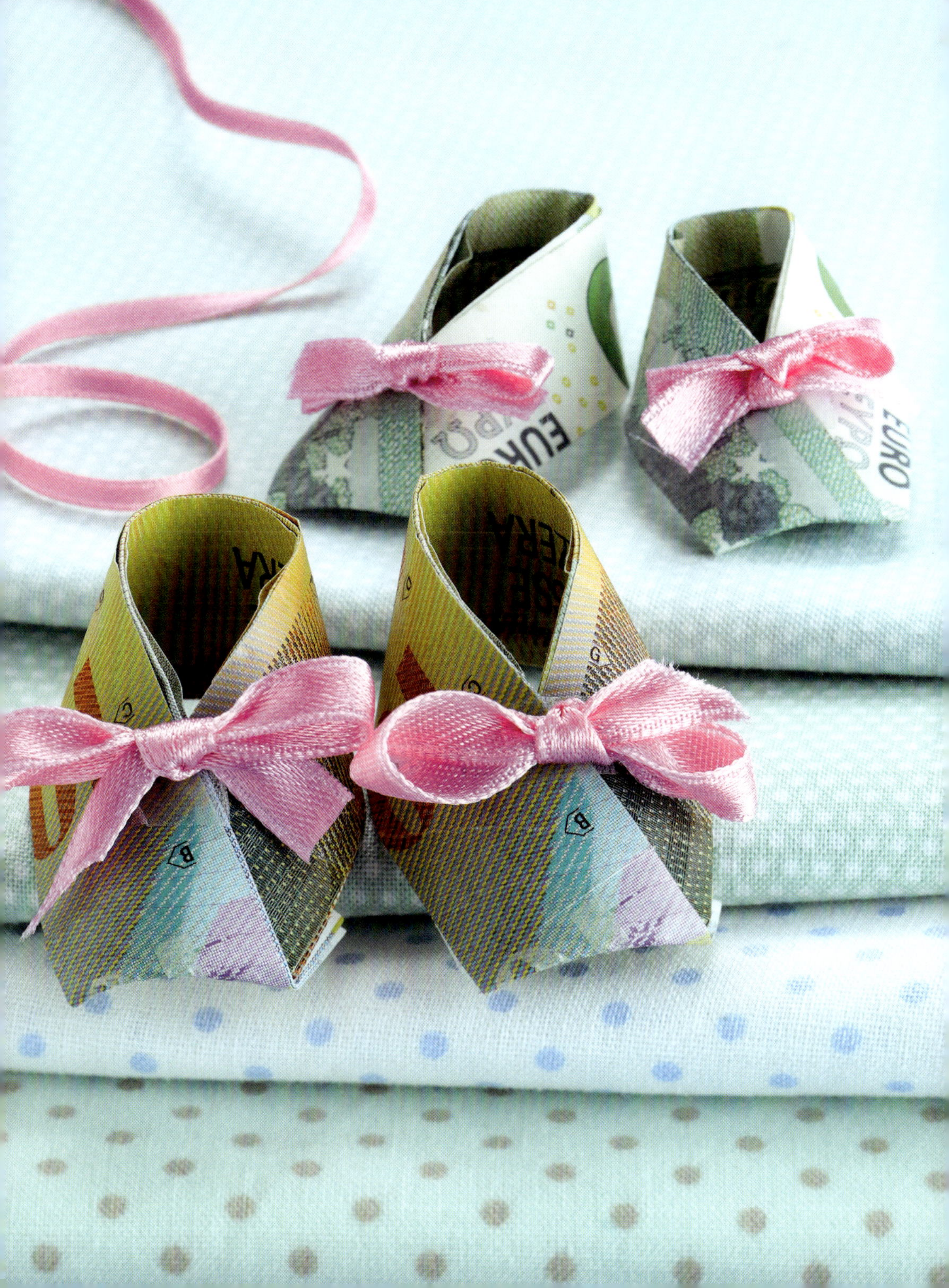

Für die frischgebackenen Eltern

Kinderwagen

MOTIVGRÖSSE
ca. 8 cm (z. B. 5 EUR)

MATERIAL
- Ein Geldschein
- Schwarzer Fotokarton

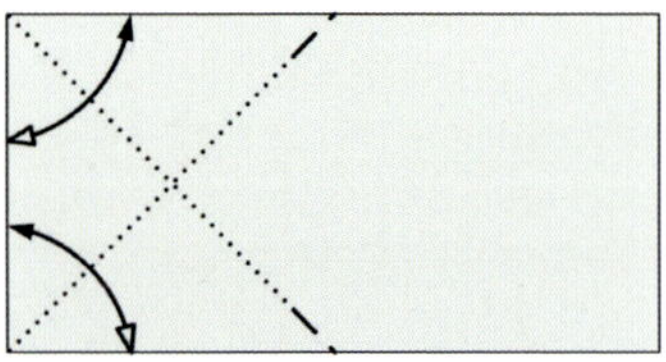

1 Talfalten Sie die linke Kante einmal auf die obere und einmal auf die untere Kante und falten Sie jeweils eine Markierungsfaltung.

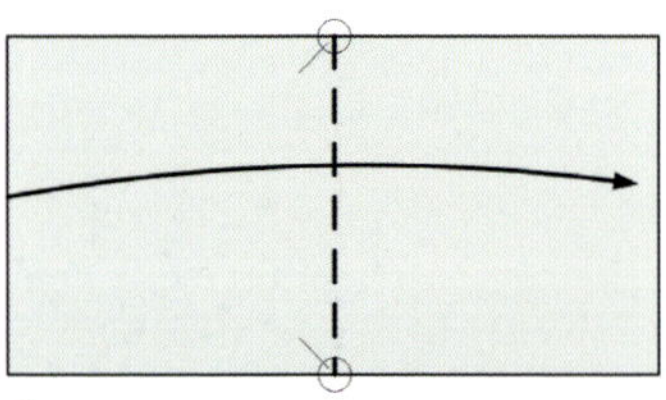

2 Talfalten Sie die linke Kante auf die rechte Seite. Achten Sie auf die Markierungsfaltung.

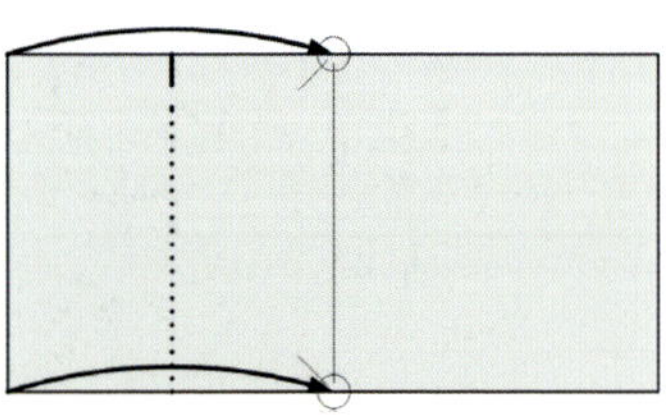

3 Talfalten Sie die linken Ecken auf die Markierungsfaltungen. Falten Sie oben eine Markierungsfaltung.

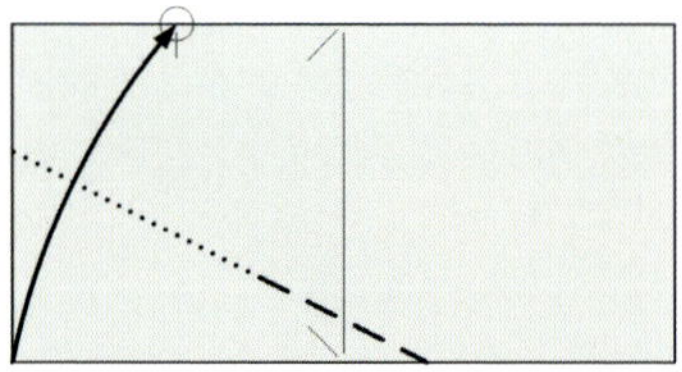

4 Talfalten Sie die linke untere Ecke auf die obere Kante, dort, wo die Markierungsfaltung aus Faltschritt 3 endet.

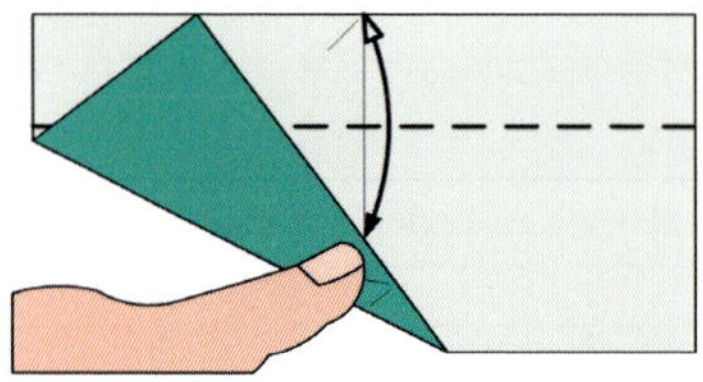

5 Falten Sie die obere Kante auf den Schnittpunkt der mittleren Faltung und der Kante. Falten Sie wieder auf.

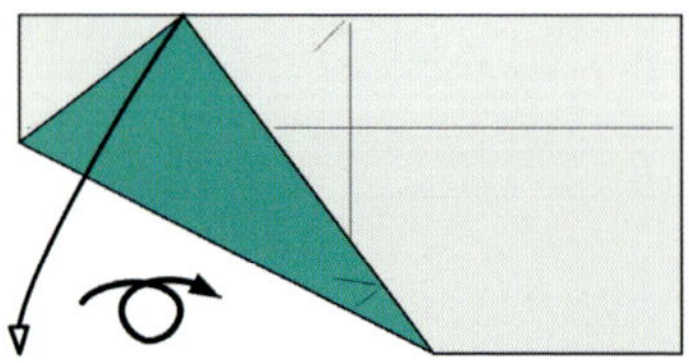

6 Falten Sie den Faltschritt 4 wieder auf. Wenden Sie den Schein.

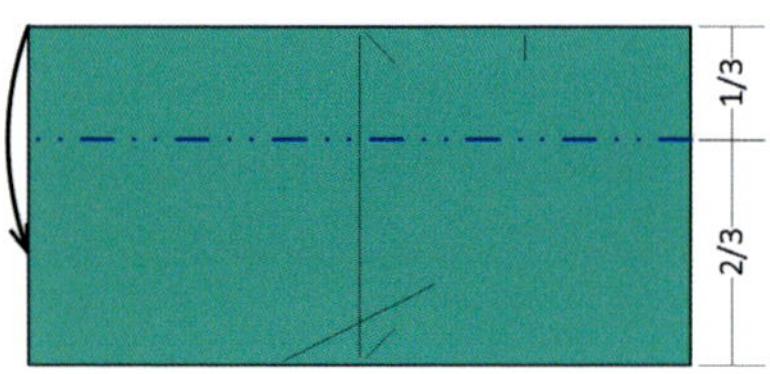

7 Bergfalten Sie die Faltung aus Faltschritt 5.

Sie können die Faltschritte 1 bis 6 auch auslassen und diese Faltung an verwendeten Schein ausmessen. Oben ist die Faltung 1/3 von den Kanten entfernt und unten 2/3.

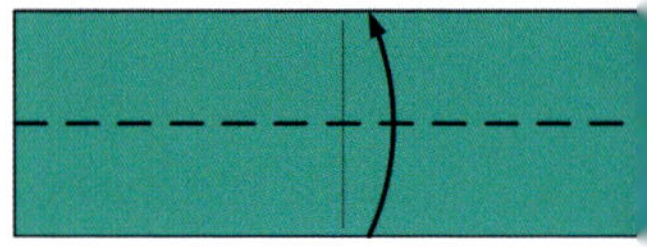

8 Talfalten Sie die untere Kante au die obere Kante.

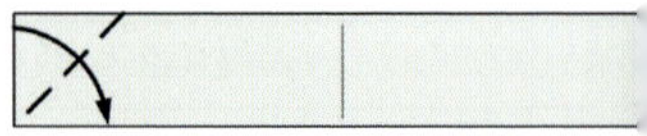

9 Talfalten Sie die linke Kante der oberen Lage auf die untere Kante.

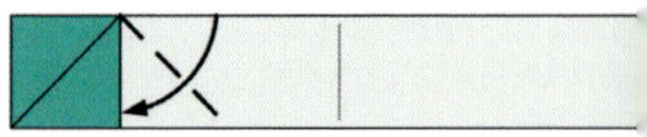

10 Talfalten Sie die obere Kante a die Kante in der Mitte.

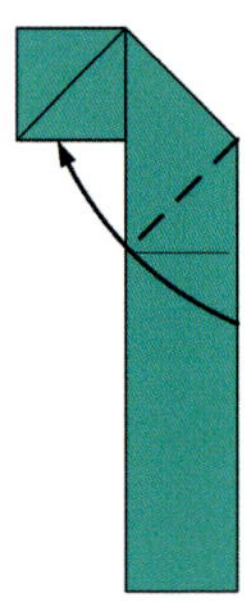

11 Talfalten Sie die rechte Kante auf die Kante in der Mitte.

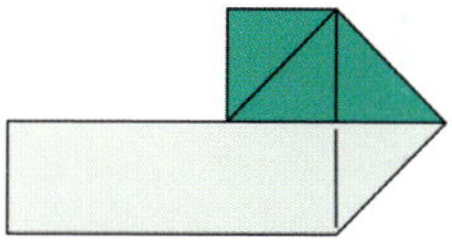

2 Falten Sie bis einschließlich
ltschritt 8 alles wieder auf.

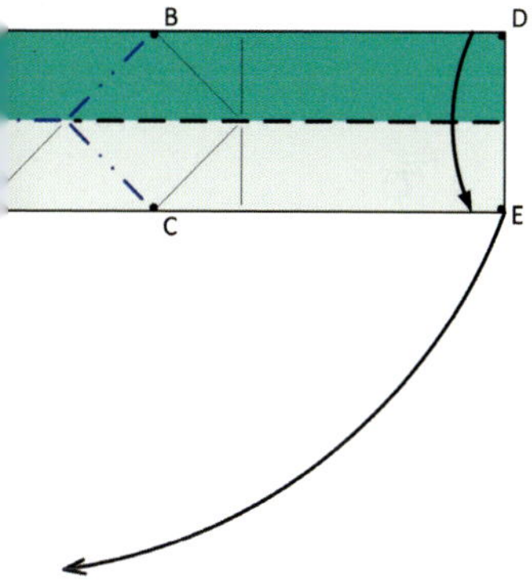

3 Falten Sie die drei Bergfal-
ngen und die Talfaltung. Der
ltschritt 10 wird somit nach innen
rück gefaltet.

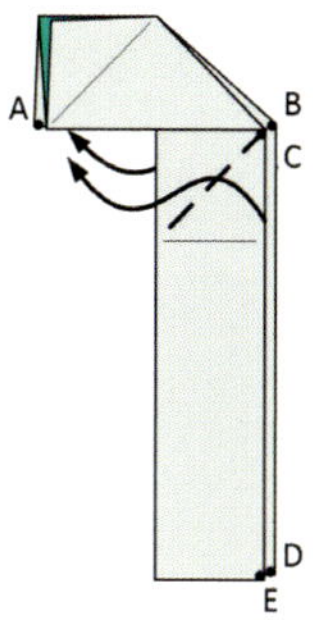

4 Falten Sie den Faltschritt 11 nach
ßen zurück.

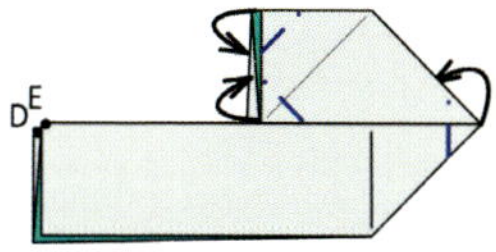

15 Formen Sie den Kinderwagen noch etwas aus und bringen Sie zwei kleine Münzen unten als Räder an.

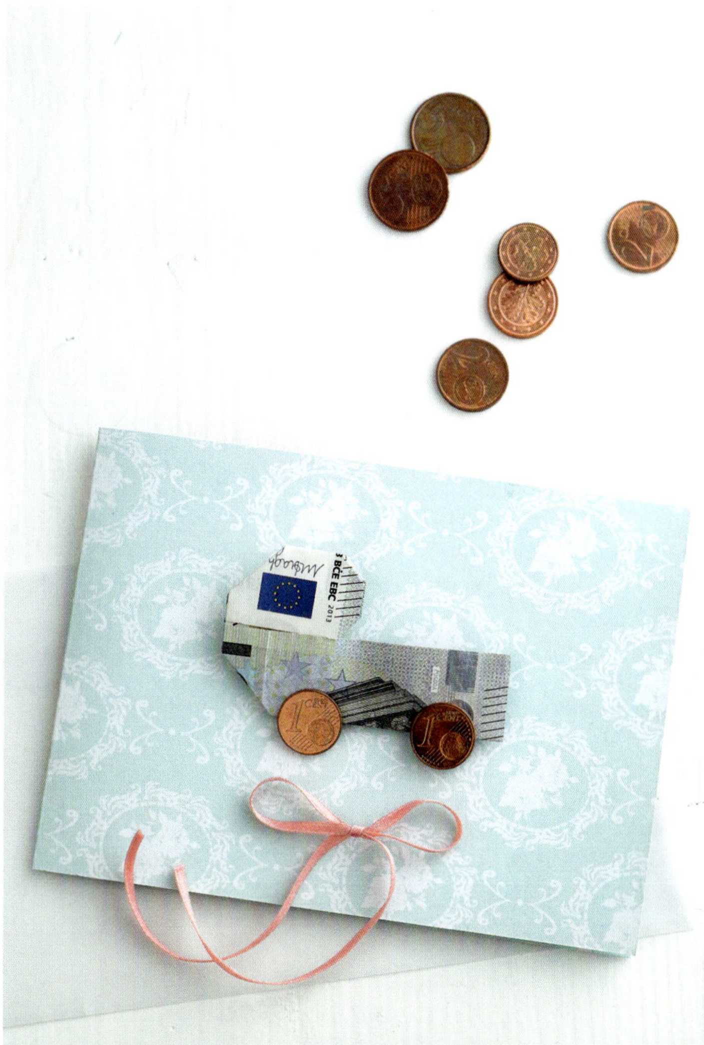

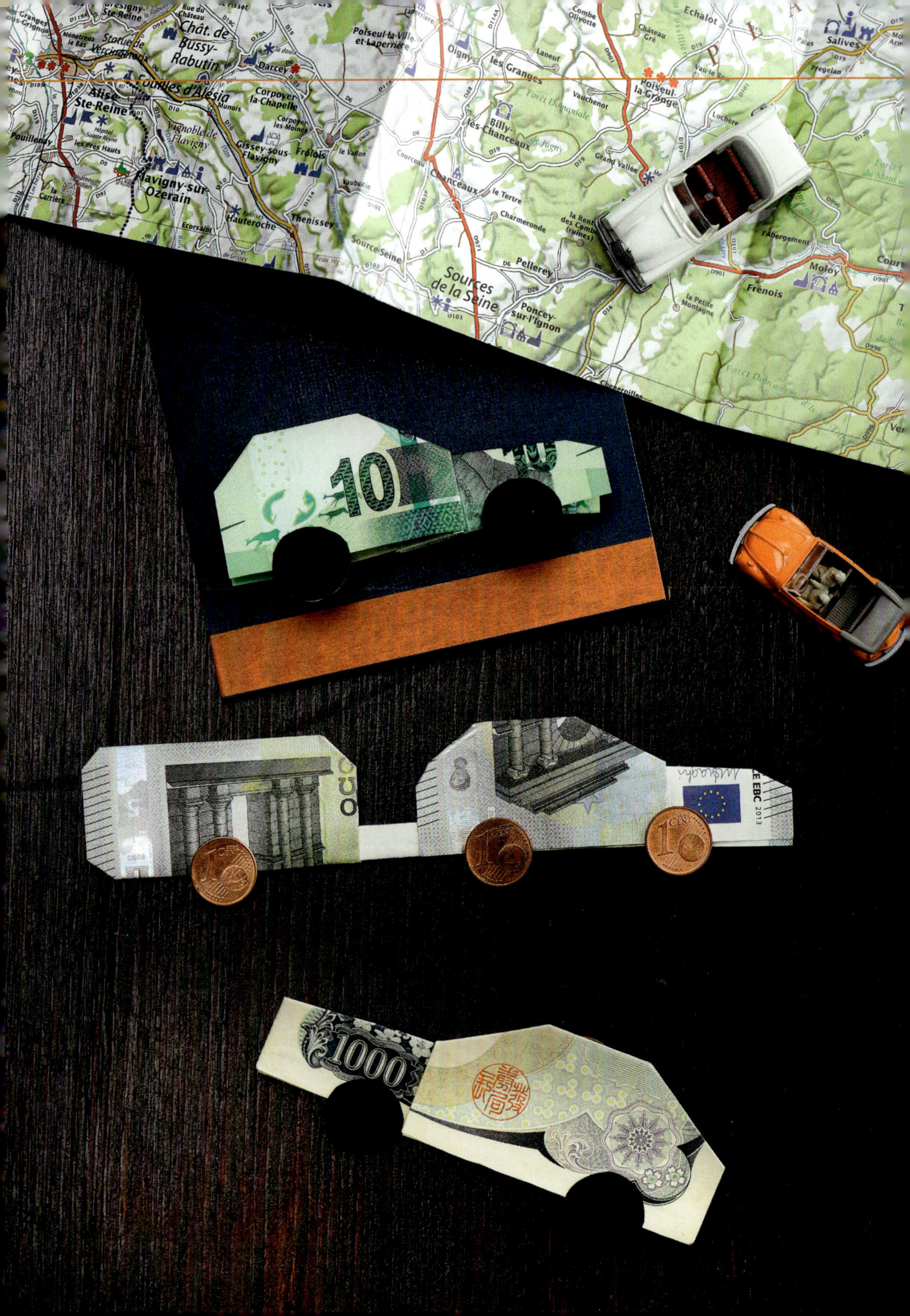
Chât. de Bussy-Rabutin
Fouilles d'Alésia
Alise Ste-Reine
Flavigny-sur-Ozerain
Hauteroche
Thenissey
Darcey
Corpoyer la-Chapelle
Gissey-sous-Flavigny
Frôlois
Poiseul-la-Ville-et-Laperrière
Oigny
les Granges
Billy-lès-Chanceaux
Chanceaux
Source-Seine
Sources de la Seine
Poncey-sur-l'Ignon
Pellerey
Charmeronde
Poiseul-la-Grange
Echalot
Salives
l'Abergement
Frénois
Moloy
Pouillenay
Ecorsaint
Grand Vallée
Vauchenot

ahr niemals schneller als dein chutzengel fliegen kann

Auto

OTIVGRÖSSE
. 10 cm (z. B. 10 RAND oder
00 YEN)

ATERIAL
Ein Geldschein
Zwei kleine Münzen oder schwarzer Fotokarton

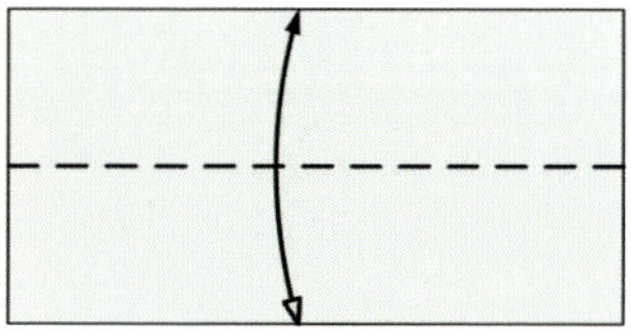

1 Falten Sie die untere Kante auf die obere Kante. Falten Sie wieder auf.

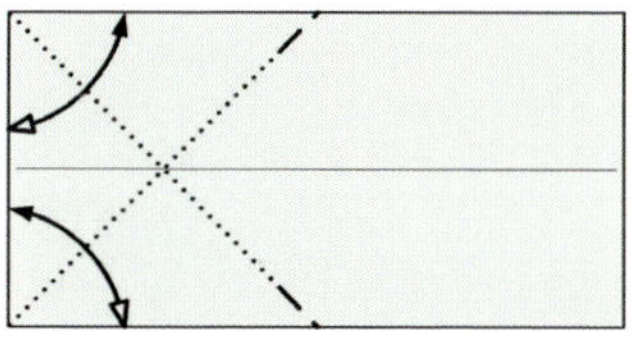

2 Talfalten Sie die linke Kante einmal auf die obere und einmal auf die untere Kante und falten Sie jeweils eine Markierungsfaltung.

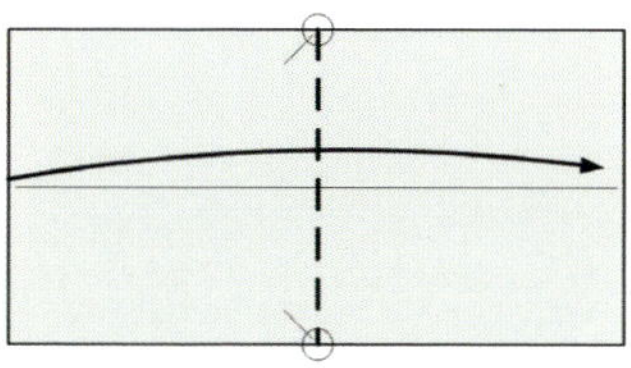

3 Talfalten Sie die linke Kante auf die rechte Seite. Achten Sie auf die Faltungen aus Faltschritt 2.

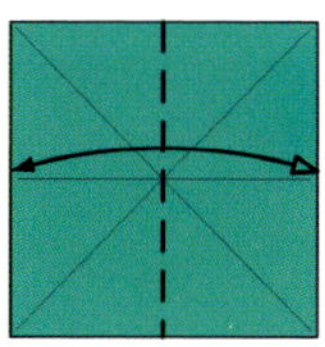

4 Talfalten Sie die rechte Kante der vorderen Geldscheinlage auf die linke Kante. Falten Sie den Schein wieder auf.

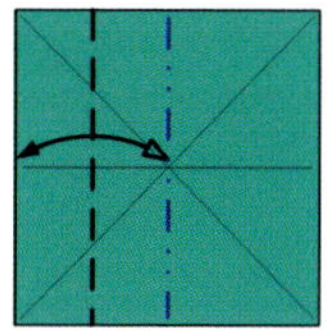

5 Bergfalten Sie den vorhandenen linken Falz und falten Sie ihn auf die linke Kante. Führen Sie dabei mittig eine Talfaltung aus. Falten Sie wieder auf.

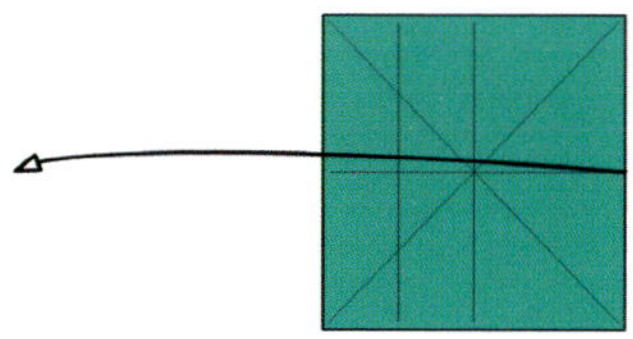

6 Falten Sie den Faltschritt 3 wieder auf.

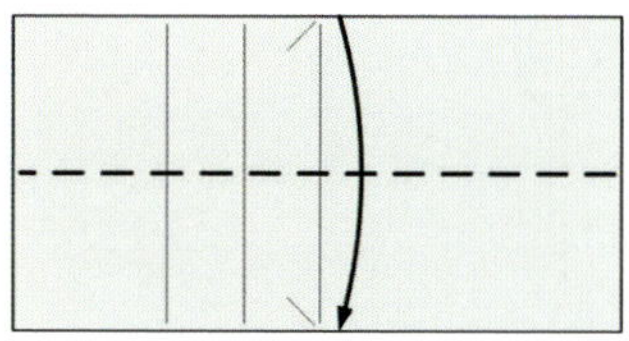

7 Talfalten Sie die obere Kante auf die untere Kante.

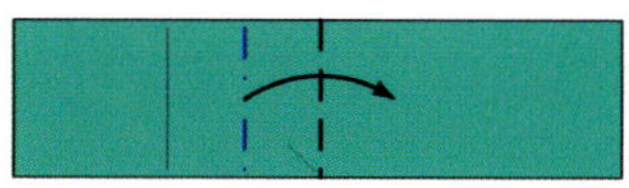

8 Bergfalten Sie den vorhandenen mittleren Falz auf die rechte Seite und falten Sie dabei die Talfalte.

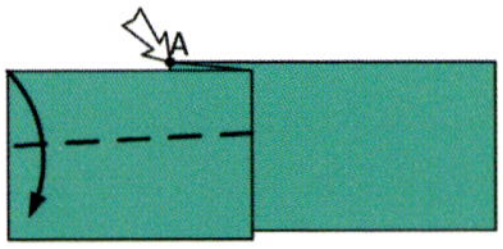

9 Talfalten Sie die obere Seite leicht schräg auf die untere Seite und drücken Sie dabei den Punkt A auseinander und nach unten.

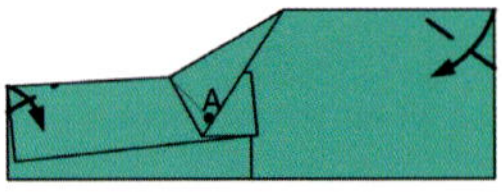

10 Formen Sie das Auto noch aus.

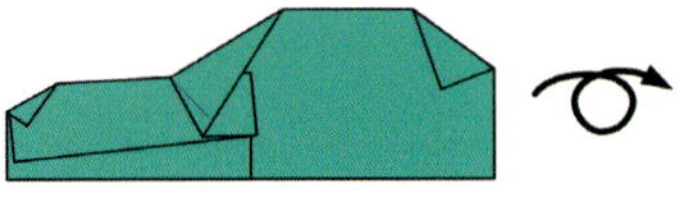

11 Wenden Sie das Auto.

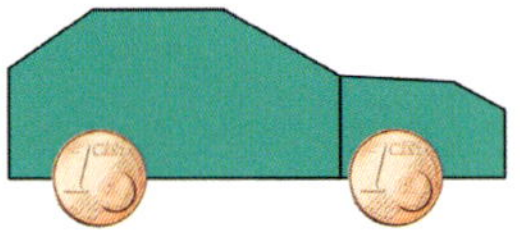

12 Fixieren Sie zwei kleine Münzen mit Fotokleber als Räder an das Auto.

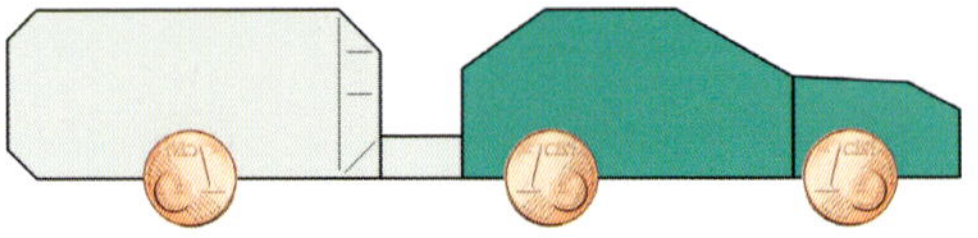

13 Das ist das fertige Auto mit Wohnwagen (s. rechts).

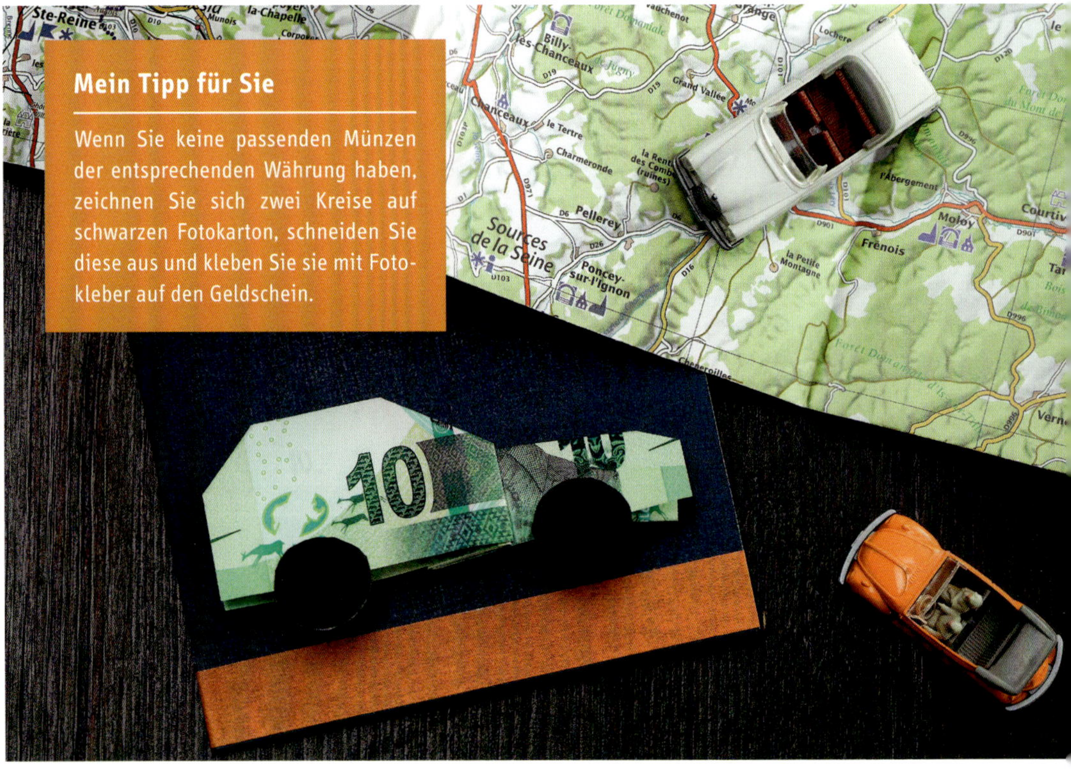

Mein Tipp für Sie

Wenn Sie keine passenden Münzen der entsprechenden Währung haben, zeichnen Sie sich zwei Kreise auf schwarzen Fotokarton, schneiden Sie diese aus und kleben Sie sie mit Fotokleber auf den Geldschein.

Der Weg ist das Ziel

Wohnwagen

OTIVGRÖSSE
a. 8 cm (z. B. 5 EUR)

ATERIAL
Ein Geldschein

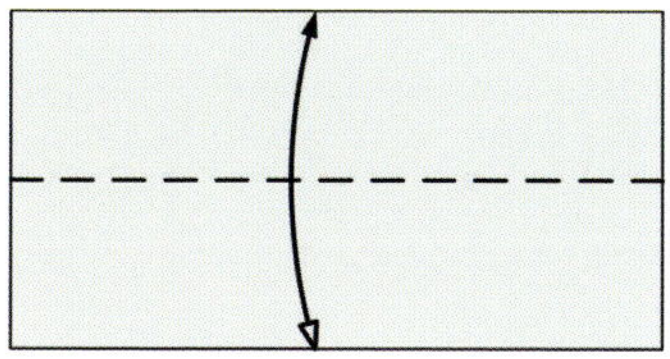

1 Falten Sie die untere Kante auf die obere Kante. Falten Sie wieder auf.

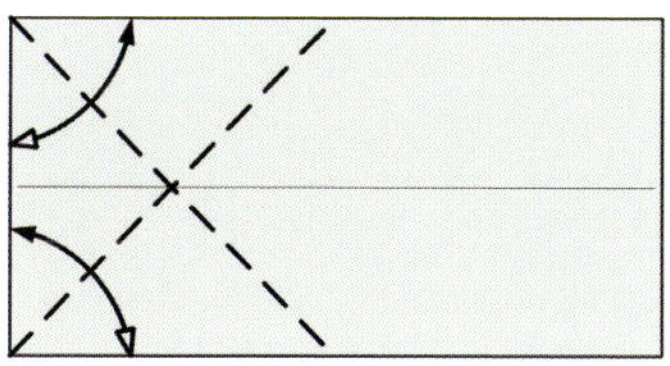

2 Talfalten Sie die linke Kante einmal auf die obere und einmal auf die untere Kante.

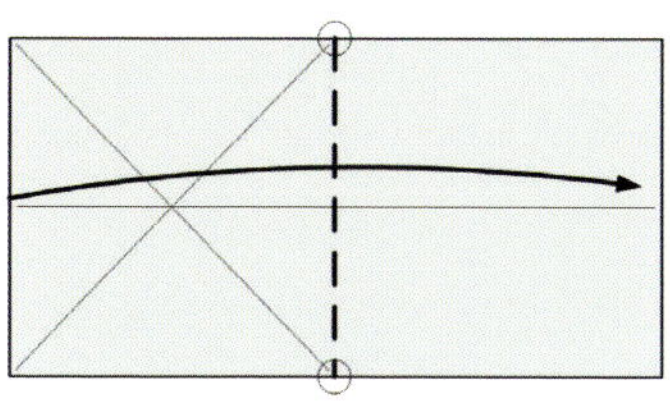

3 Talfalten Sie die linke Kante auf die rechte Seite. Achten Sie auf die Faltungen aus Faltschritt 2.

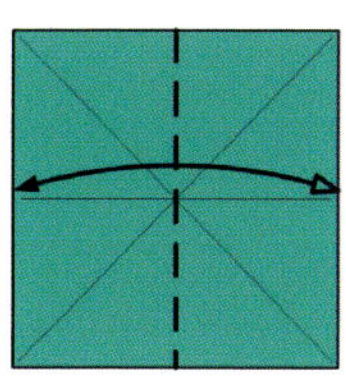

4 Talfalten Sie die rechte Kante der vorderen Geldscheinlage auf die linke Kante. Falten Sie wieder auf.

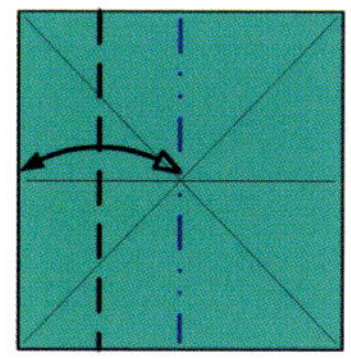

5 Bergfalten Sie den vorhandenen linken Falz und falten Sie ihn auf die linke Kante. Führen Sie dabei mittig eine Talfaltung aus. Falten Sie den Schein wieder auf.

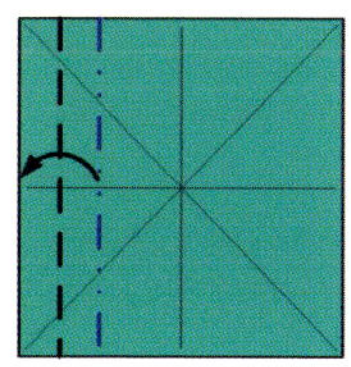

6 Bergfalten Sie den vorhandenen linken Falz und falten Sie ihn auf die linke Kante. Führen Sie dabei mittig eine Talfaltung aus.

7 Wiederholen Sie den Faltschritt 6.

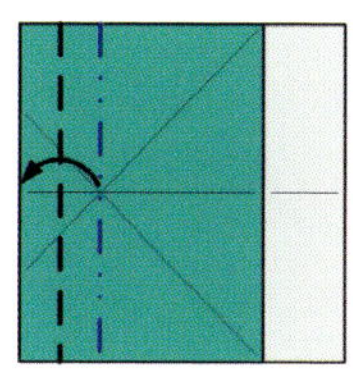

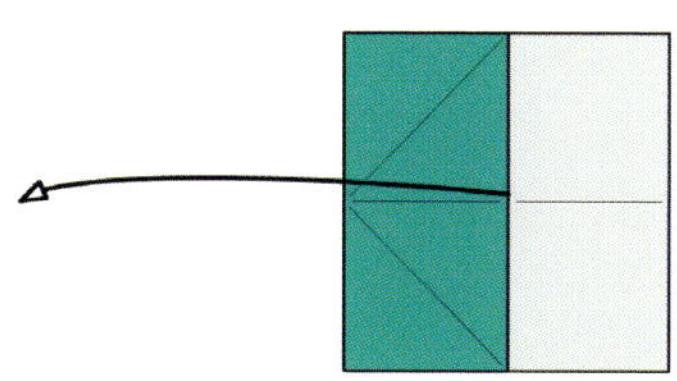

8 Falten Sie alles wieder auf.

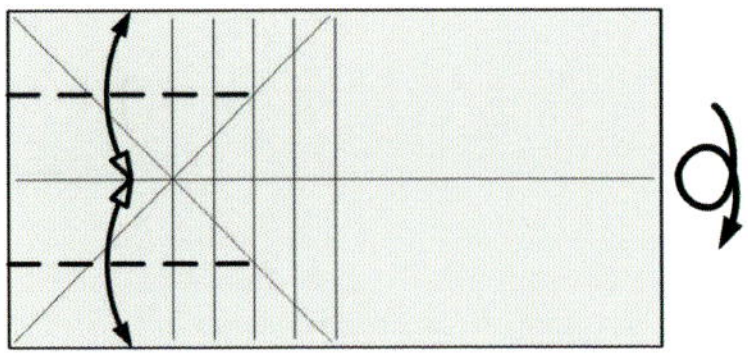

9 Talfalten Sie die untere und obere Kante auf die Mitte. Falten Sie dabei nur die linke Seite bis zur schrägen Faltung.

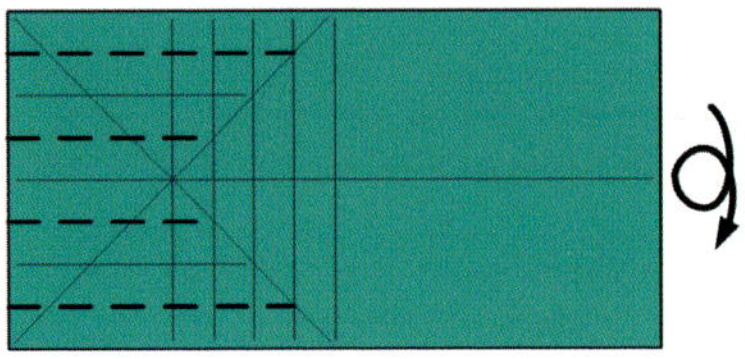

10 Talfalten Sie die vier weiteren Faltungen mittig zu den vorhandenen Faltungen und den Kanten. Die Faltungen müssen nur bis zur schrägen Faltung ausgeführt werden.

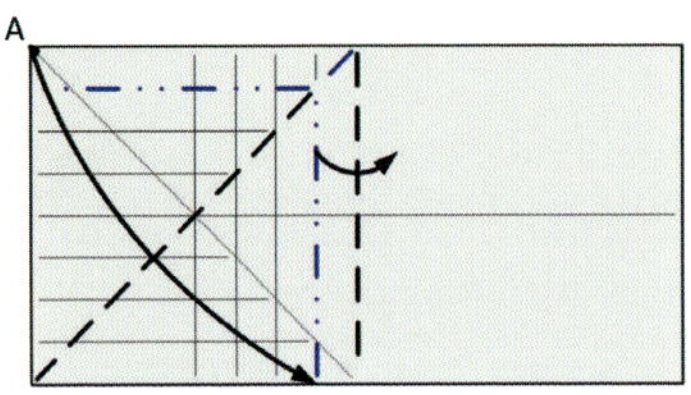

11 Falten Sie die obere linke Ecke mittig auf die untere Kante. Falten Sie dabei die drei Bergfalten und die zwei Talfalten.

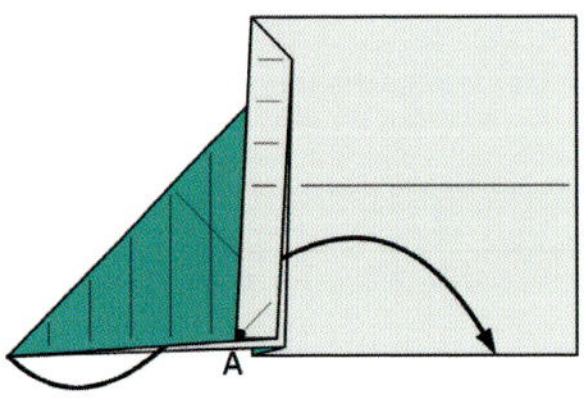

12 Falten Sie die Spitze nach innen zurück.

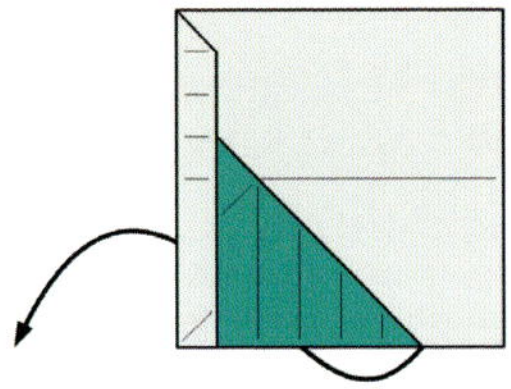

13 Falten Sie die Spitze nach innen zurück.

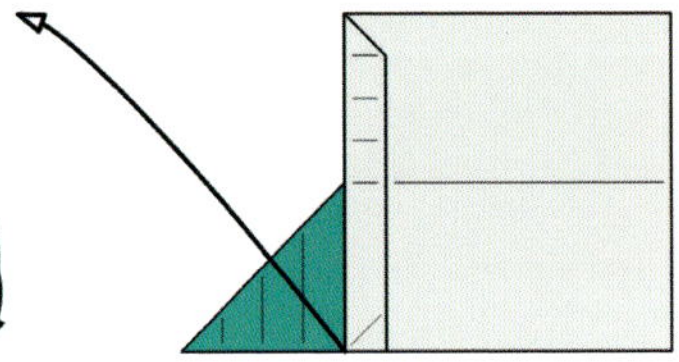

14 Falten Sie wieder auf.

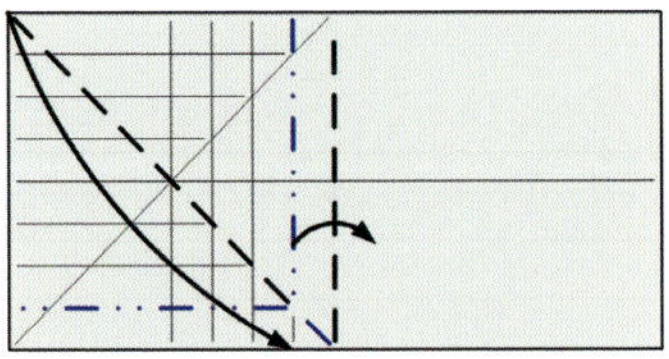

15 Wiederholen Sie die Faltschritte 11 bis 14 mit der unteren Seite.

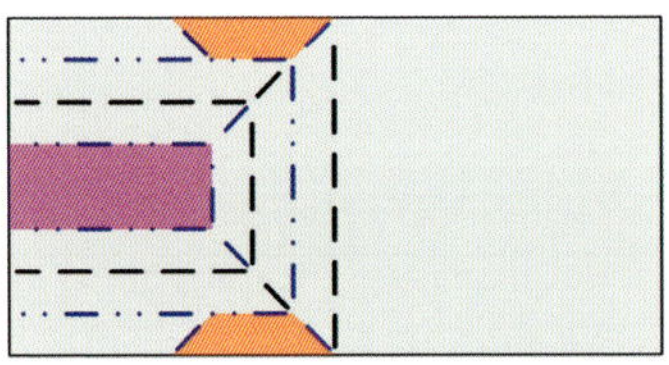

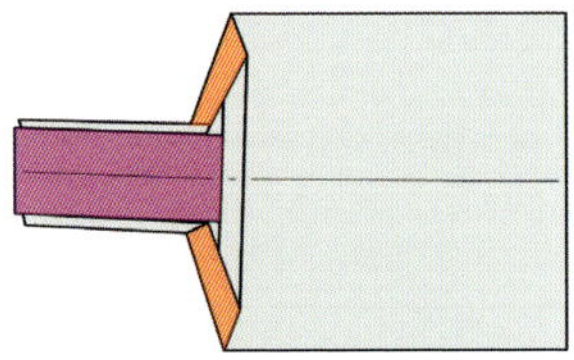

16 Falten Sie jetzt beide Fächer oben und unten gleichzeitig.

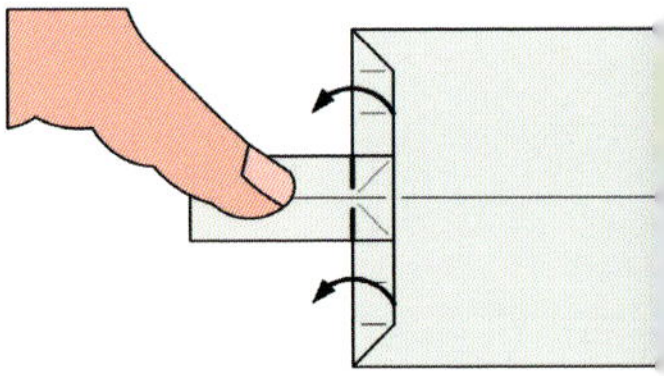

17 Klappen Sie den mittleren Teil nach links.

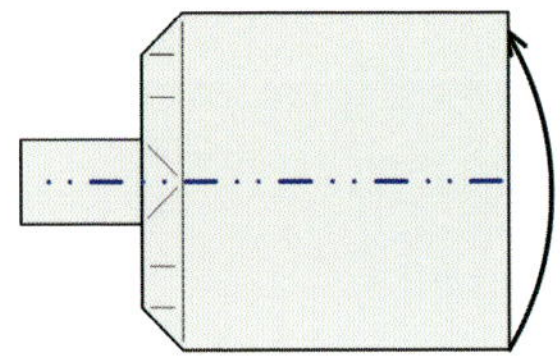

18 Bergfalten Sie die untere Seite nach oben.

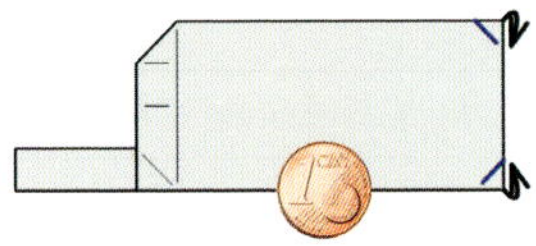

19 Formen Sie den Wohnwagen noch etwas aus und fixieren Sie eine kleine Münze mit Fotokleber.

Mein Tipp für Sie

Bei längeren Scheinen können für die Optik auch zwei kleine Münzen verwendet werden.

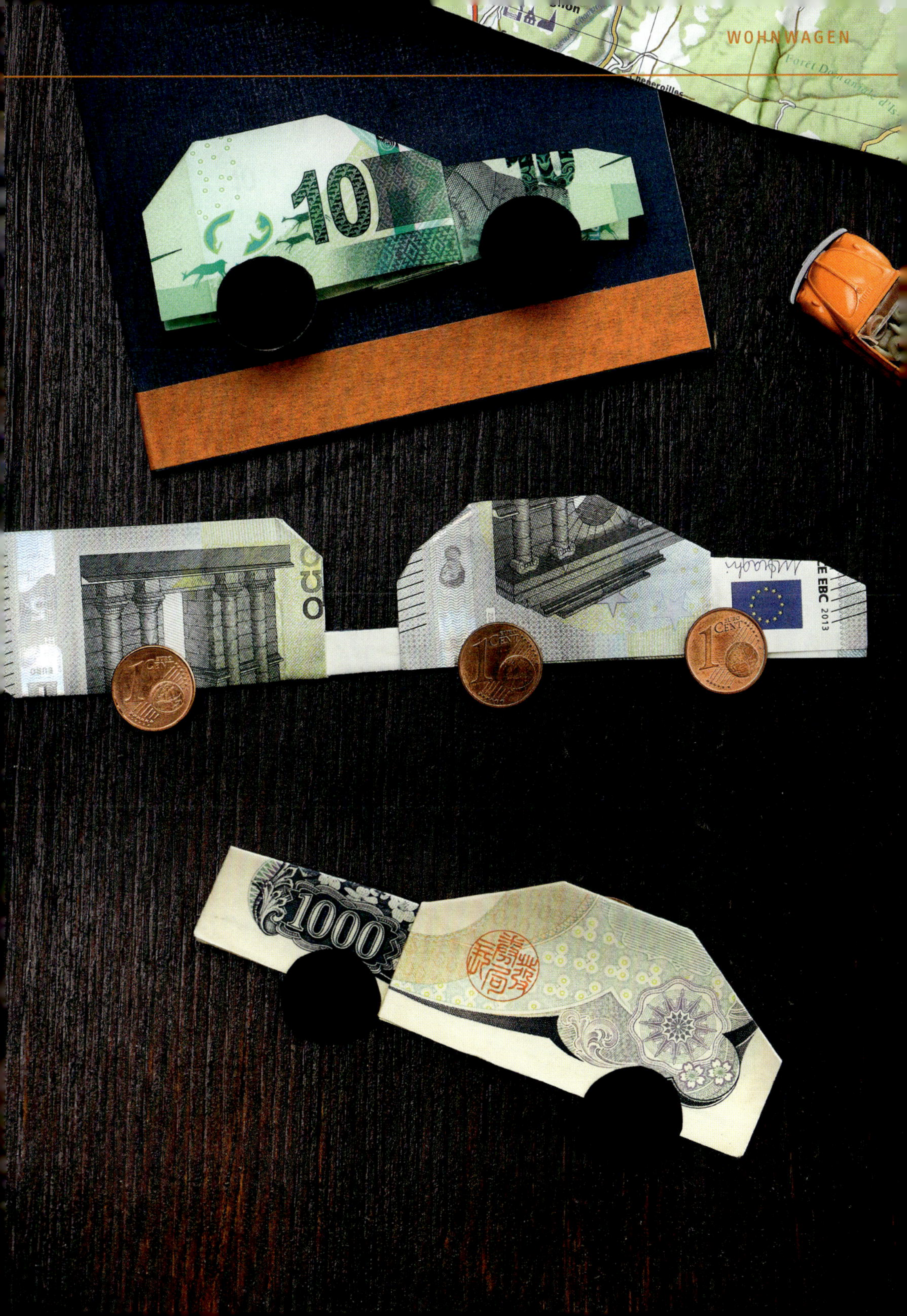

Tierische Kunst

Nashorn

MOTIVGRÖSSE
ca. 5 cm (z. B. 10 RAND)

MATERIAL
- Ein Geldschein

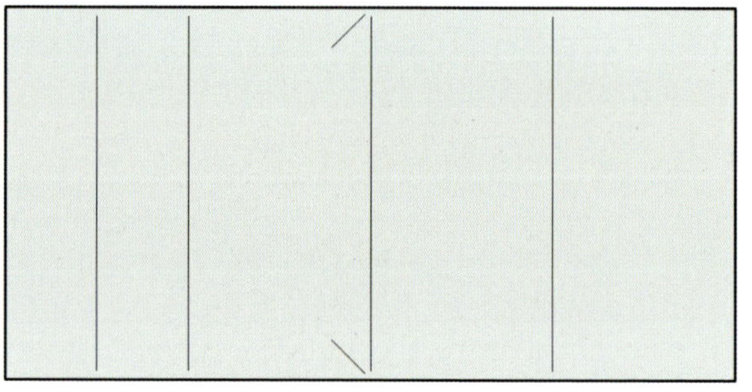

1 Falten Sie den Schein, wie in der Grundanleitung „Fächer 4 x 8“ beschrieben von Faltschritt 5 bis einschließlich Faltschritt 10. Falten Sie den Schein dann auf.

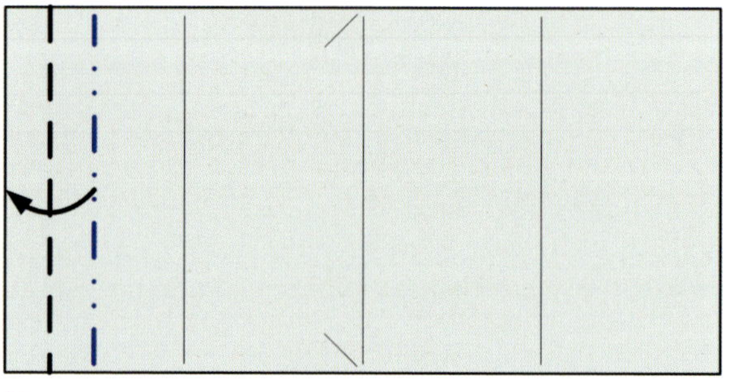

2 Bergfalten Sie den vorhandenen linken Falz und falten Sie ihn auf die linke Kante. Führen Sie dabei mittig eine Talfaltung aus.

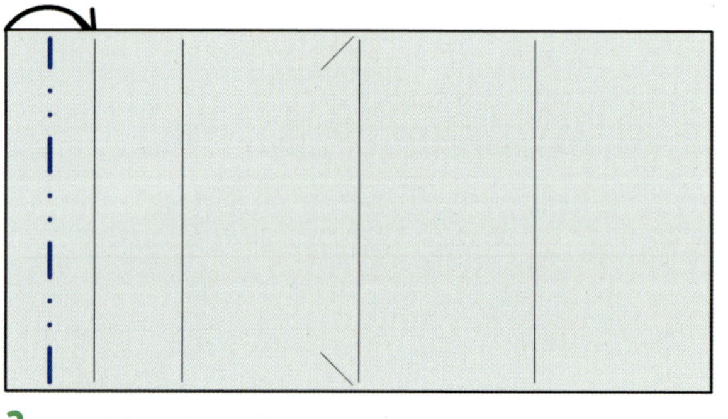

3 Bergfalten Sie den linken Falz.

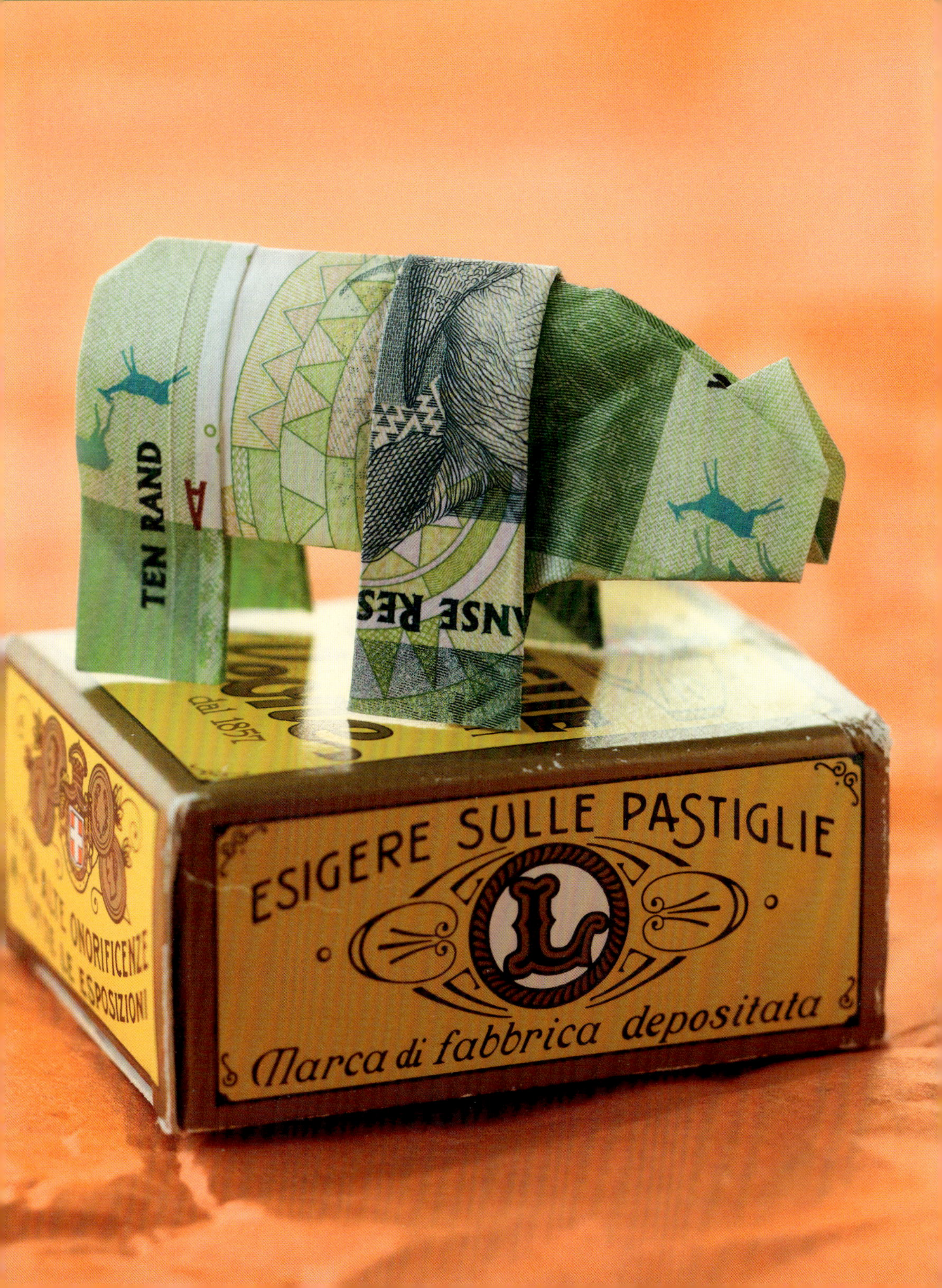
TEN RAND
ESIGERE SULLE PASTIGLIE
Marca di fabbrica depositata
dal 1857

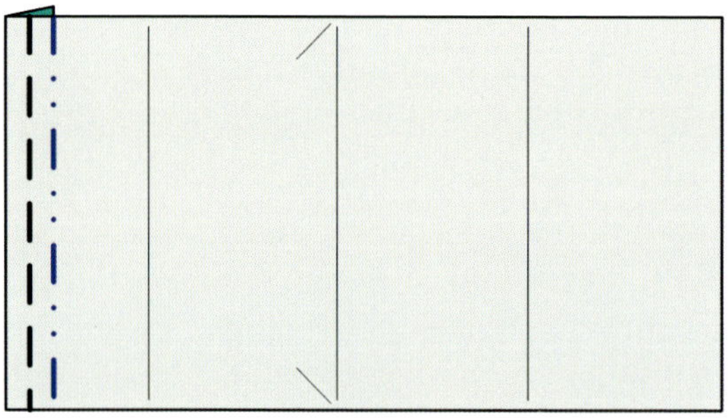

4 Bergfalten Sie den vorhandenen linken Falz und falten Sie ihn auf die linke Kante. Führen Sie dabei mittig eine Talfaltung aus. Falten Sie wieder auf.

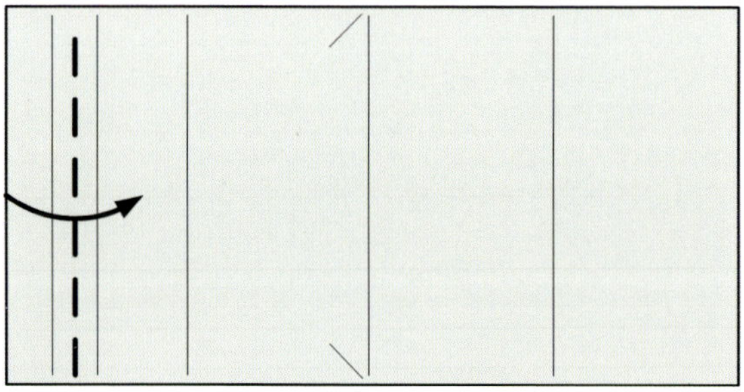

5 Talfalten Sie den zweiten Falz von links.

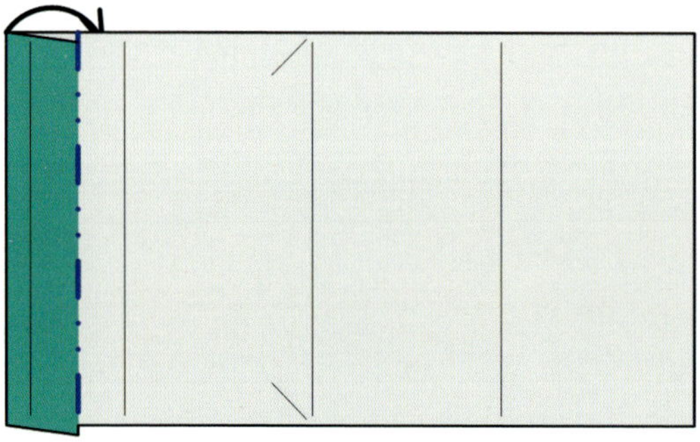

6 Bergfalten Sie entlang der Kante die linke Seite nach hinten.

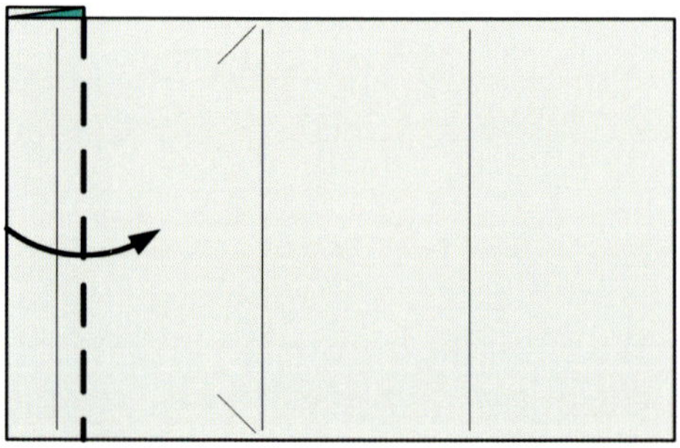

7 Talfalten Sie entlang der hinteren Kante die linke Seite nach rechts.

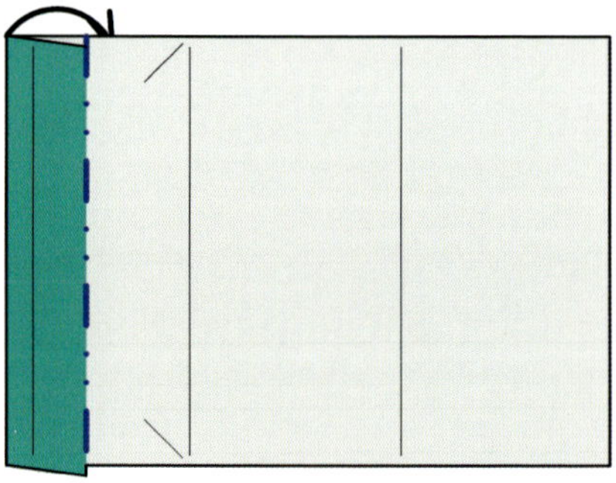

8 Bergfalten Sie entlang der Kante die linke Seite nach hinten.

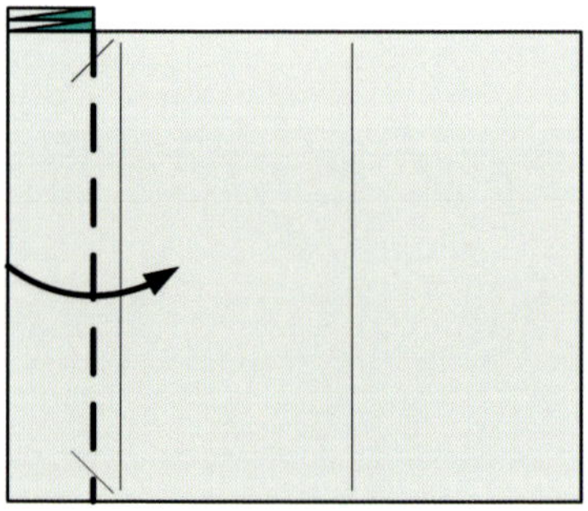

9 Wiederholen Sie Faltschritt 7 und 8.

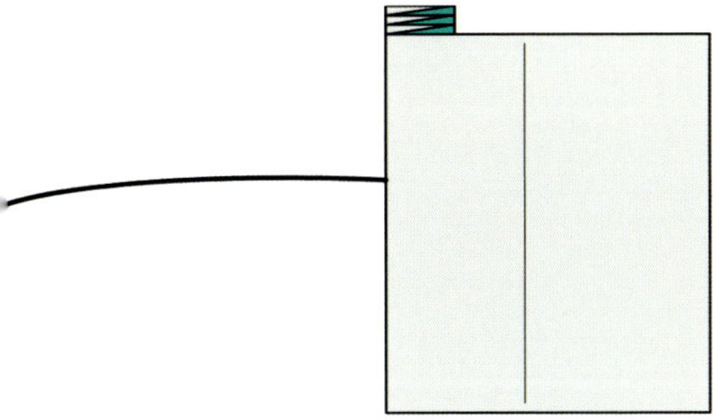

0 Falten Sie bis einschließlich Faltschritt 7 wieder auf. wei Lagen bleiben hinter dem Schein als Zickzackfaltung.

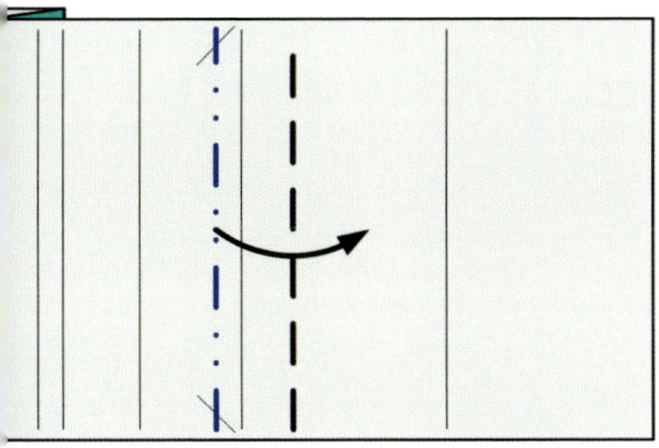

1 Bergfalten Sie den vierten Falz von links und talfalten ie gleichzeitig den sechsten Falz von links.

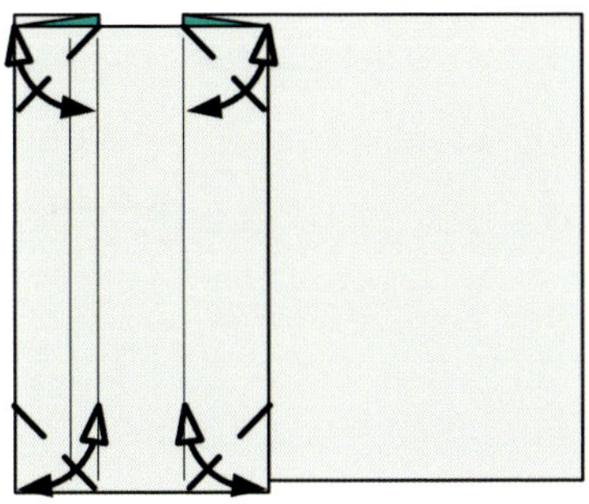

2 Talfalten Sie die vier oberen Ecken auf den Falz. Falten ie wieder auf.

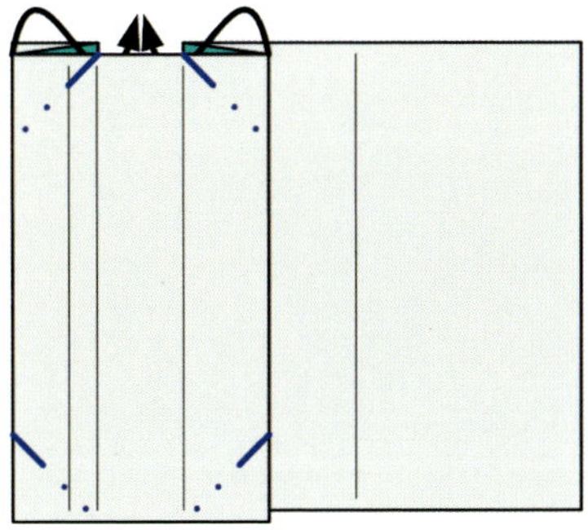

13 Falten Sie die vier Ecken nach innen zurück.

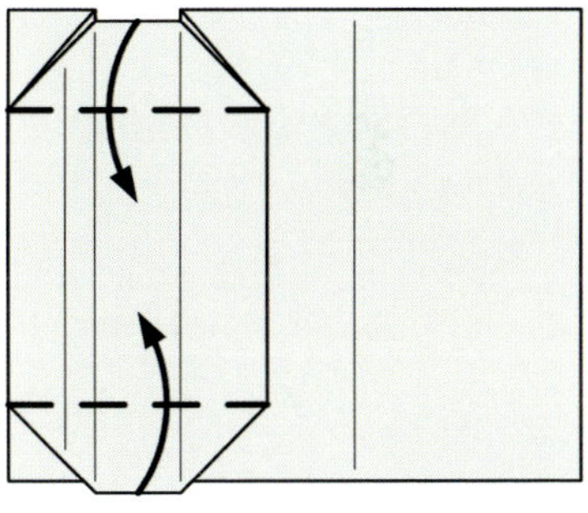

14 Talfalten Sie die oberen Lagen Richtung Mitte.

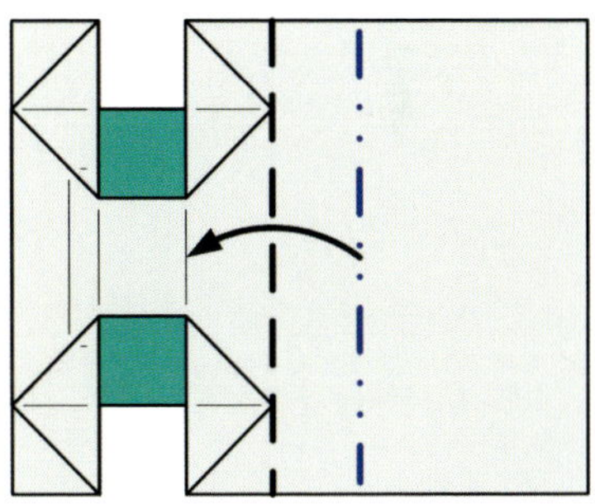

15 Bergfalten Sie den vorhandenen rechten Falz und falten Sie ihn auf die linke Seite. Führen Sie dabei entlang der Kante eine Talfaltung aus.

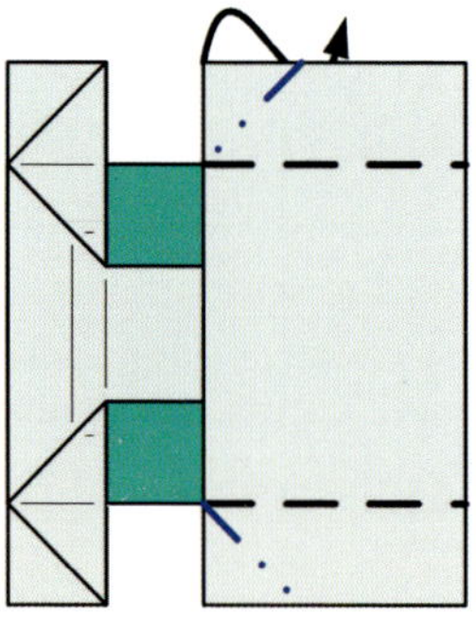

16 Falten Sie die zwei Ecken, wie die zwei linken Ecken im Faltschritt 12 bis 14.

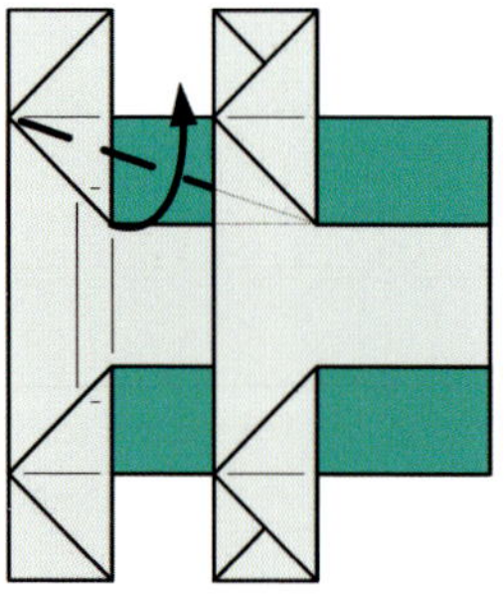

17 Talfalten Sie die obere Lage nach oben.

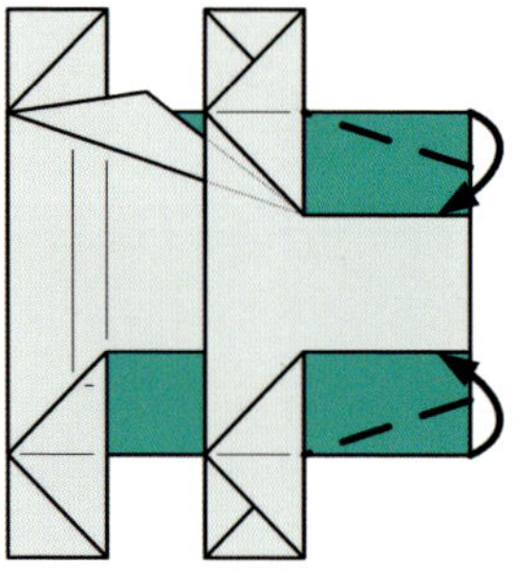

18 Talfalten Sie die rechte Seite schräg zur Mitte.

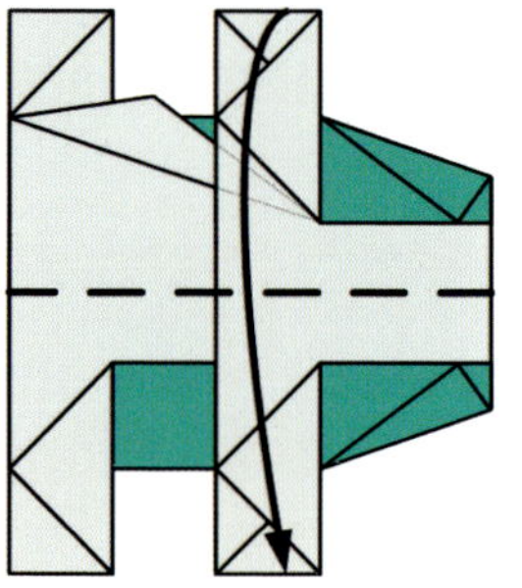

19 Talfalten Sie die obere Seite auf die untere Seite.

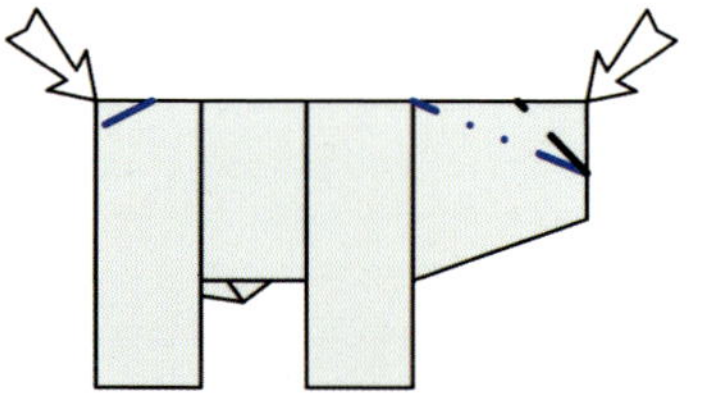

20 Formen Sie das Nashorn noch aus.

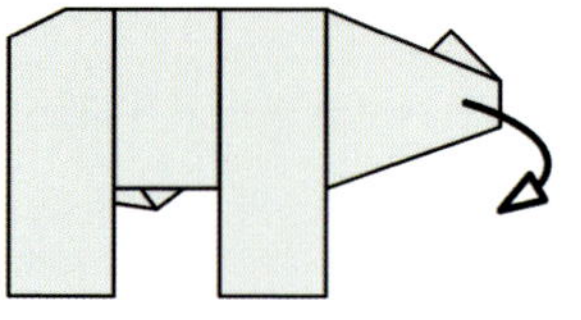

21 Ziehen Sie den Kopf etwas nach unten.

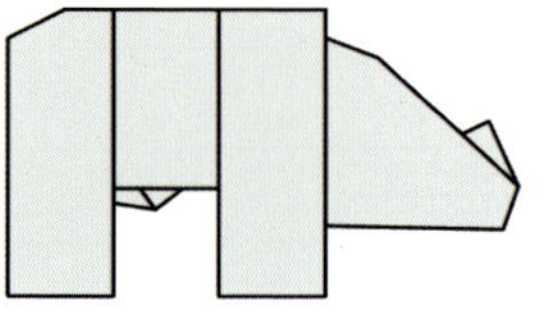

22 So sieht das fertige Nashorn aus.

Goldstück

Esel

OTIVGRÖSSE
.5 cm (z. B. 5 EUR)

ATERIAL
Ein Geldschein

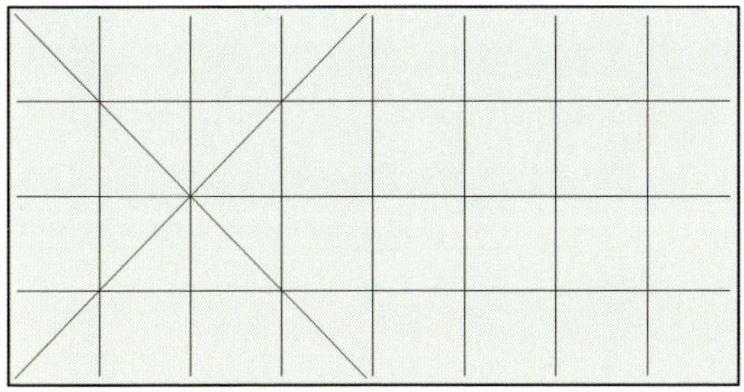

1 Falten Sie den Schein, wie in der Grundanleitung „Fächer 4 x 8" beschrieben. Falten Sie dort den Faltschritt 4 komplett und nicht als Markierungsfaltung aus.

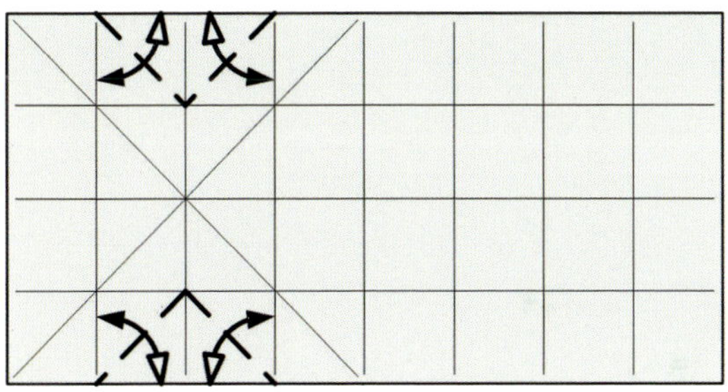

2 Falten Sie die obere und untere Kante wie angegeben auf den vorhandenen Falz. Falten Sie wieder auf.

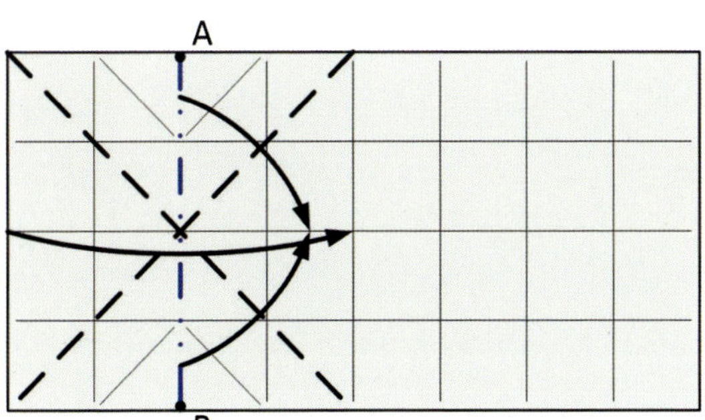

3 Falten Sie die Bergfalte auf die Mitte und falten Sie dabei die linke Kante auf die rechte Seite.

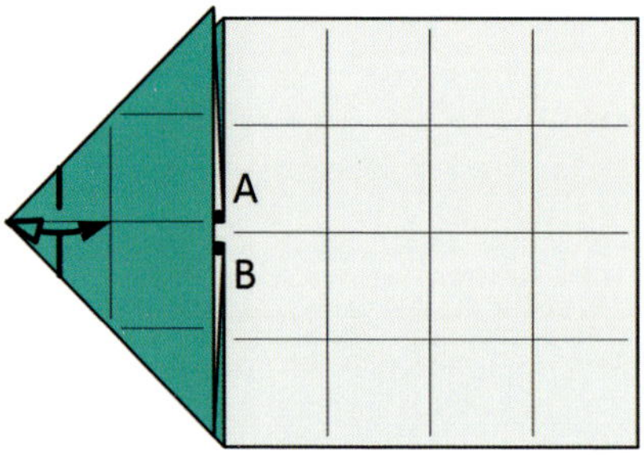

4 Talfalten Sie die Spitze auf den Falz. Falten Sie wieder auf.

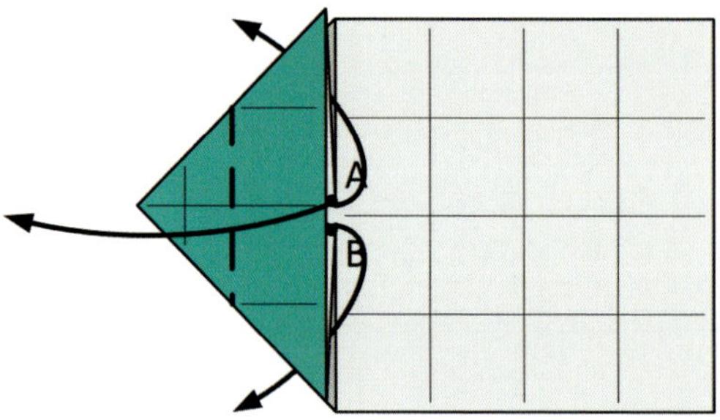

5 Talfalten Sie die obere Lage nach links und drücken Sie A und B auf die Mitte.

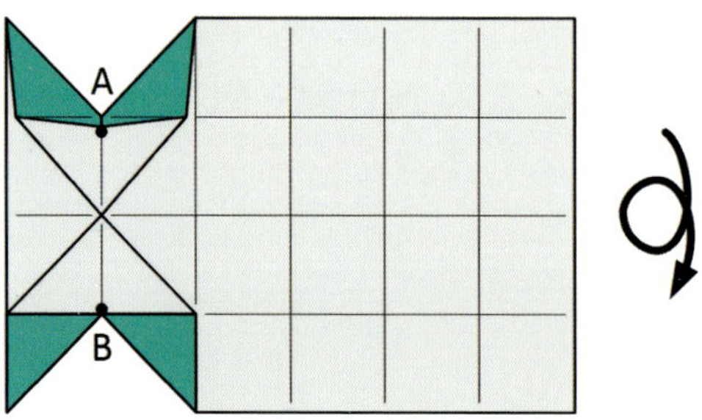

6 Wenden Sie den Schein.

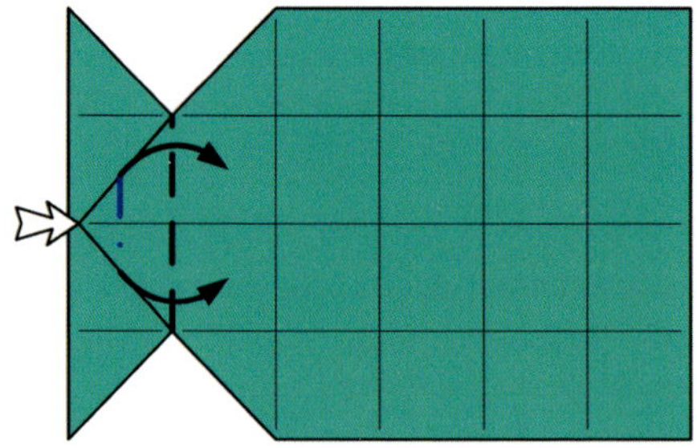

7 Drücken Sie die Spitze auseinander und falten Sie die Faltung aus Faltschritt 4 als Bergfalte.

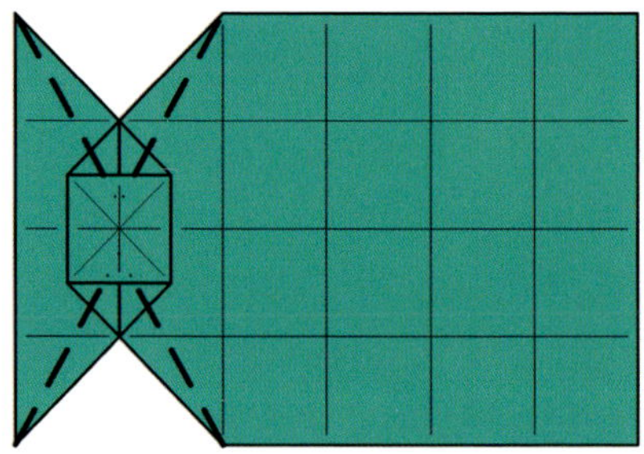

8 Talfalten Sie die vier Kanten. Die Faltungen gehen immer von der inneren, unter dem Viereck liegenden Ecke, zu äußeren Ecke.

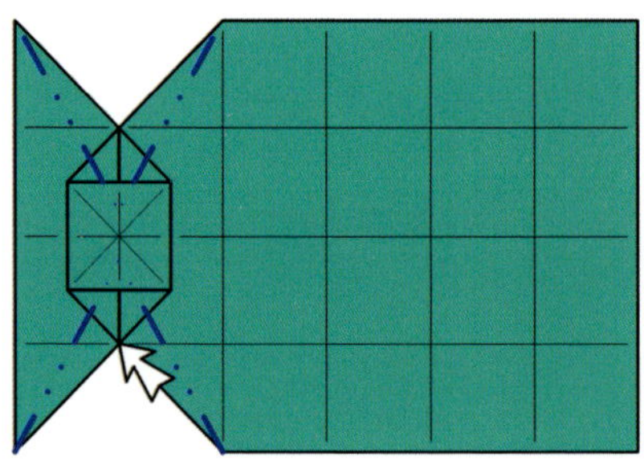

9 Drücken Sie die Ecke geschlossen (ohne sie aufzufalten nach innen ein. Diese Faltung kann auch als einfache Bergfaltung gefaltet werden.

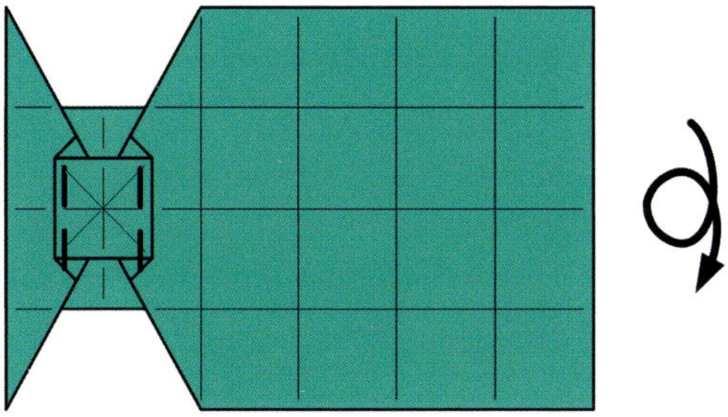

0 Talfalten Sie die obere Lage links und rechts herum. ʼenden Sie den Schein.

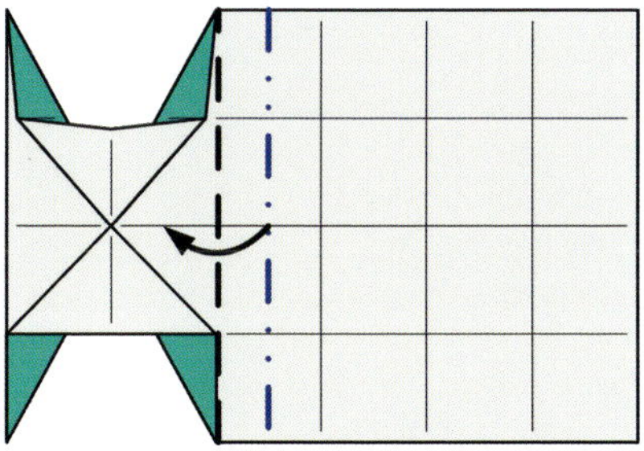

1 Falten Sie mittig zu den vorhandenen Faltungen eine ergfalte und falten Sie entlang der Kante eine Talfalte.

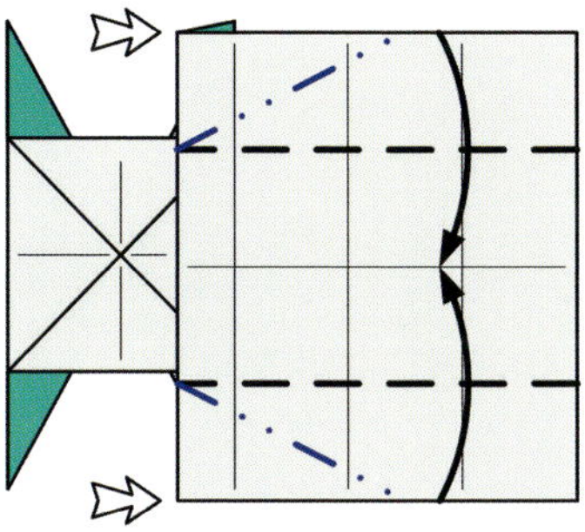

2 Talfalten Sie die obere und untere Kante auf die Mitte ıd drücken Sie die Ecken dabei ein. Siehe auch Falt- :hritt 16 des Nashorns, bei dem Esel ist die Bergfaltung doch schräger.

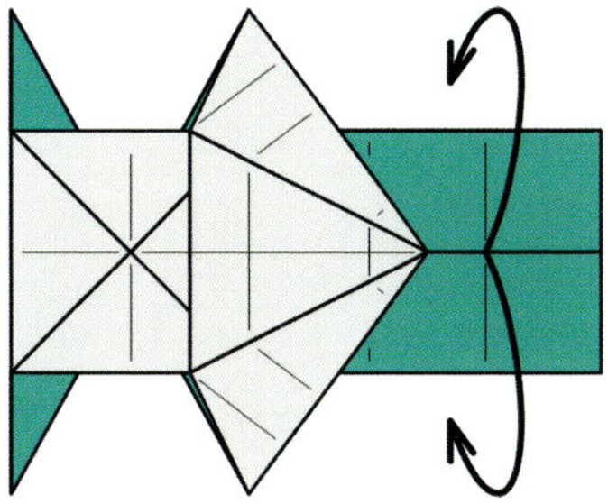

13 Falten Sie die oberen Lagen auf die Rückseite. Dabei werden die Faltungen aus Faltschritt 12 umgefaltet. Die Bergfalte wird zur Talfaltung und die Talfaltung zur Bergfaltung.

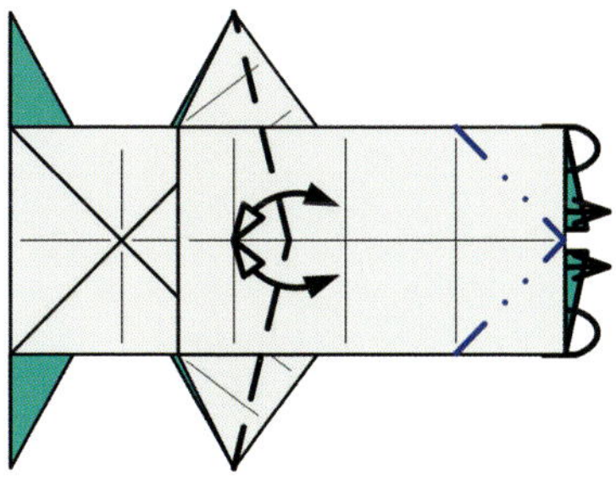

14 Falten Sie die rechten zwei Ecken nach innen zurück. Die zwei schrägen Talfaltungen gehen von der Spitze bis ca. zur Mitte der zwei Falzen.

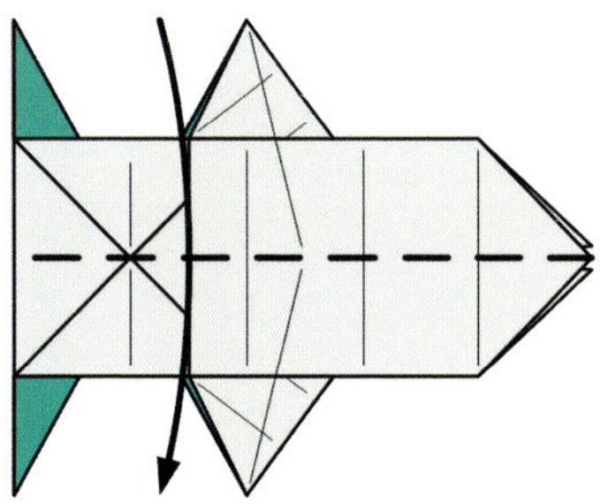

15 Falten Sie vorsichtig die obere Seite auf die untere Seite. Achten Sie dabei auf die Faltungen aus Faltschritt 10, da diese an der Knickstelle schnell einreißen.

●●●●●

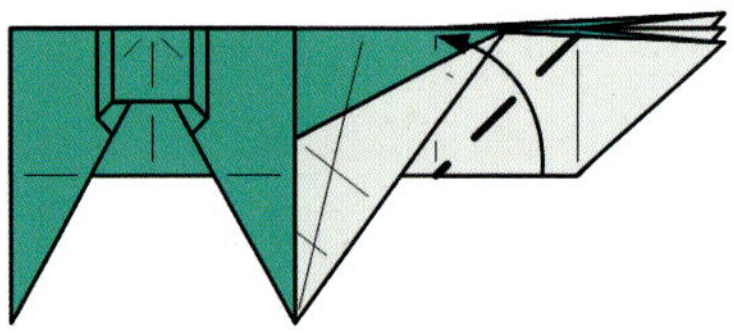

16 Talfalten Sie den Kopf 45° nach oben.

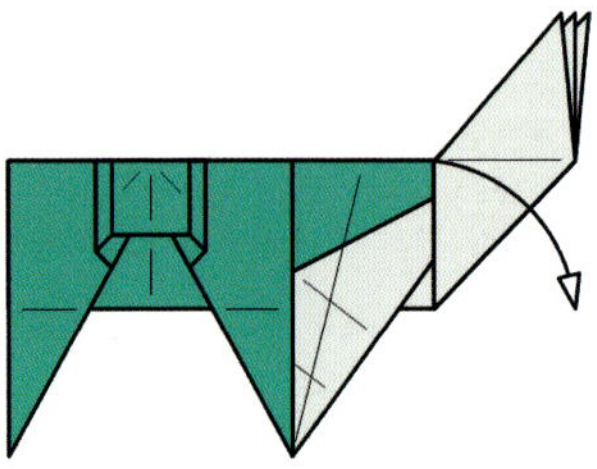

17 Falten Sie den Faltschritt 16 wieder auf.

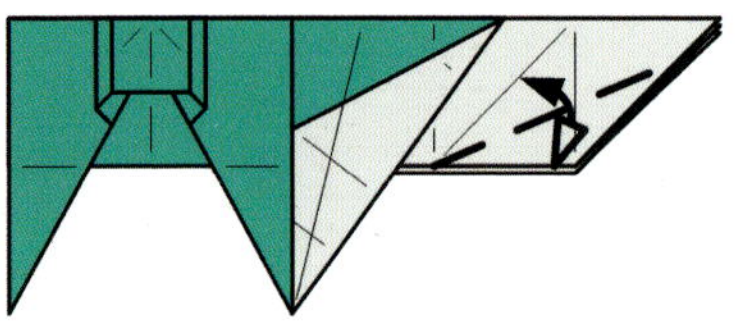

18 Talfalten Sie die untere Kante der oberen Lage auf den Falz aus Faltschritt 16. Falten Sie wieder auf. Wiederholen Sie den Faltschritt mit der hinteren Lage.

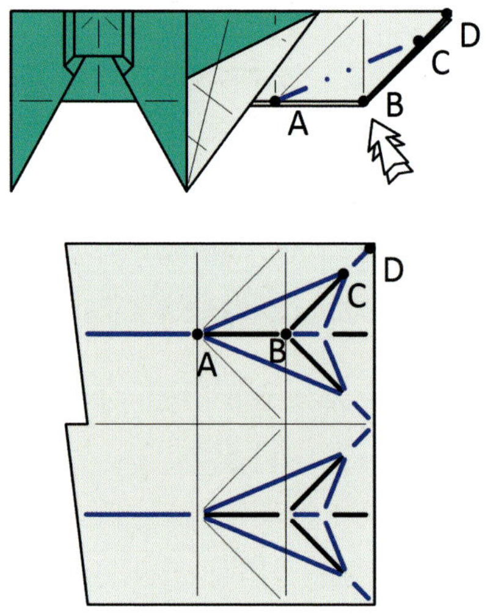

19 Falten Sie die Ecken offen nach innen. Dazu müssen Sie den Bereich leicht öffnen. Unten sehen Sie, wie der Kop komplett geöffnet aussieht und gefaltet wird.

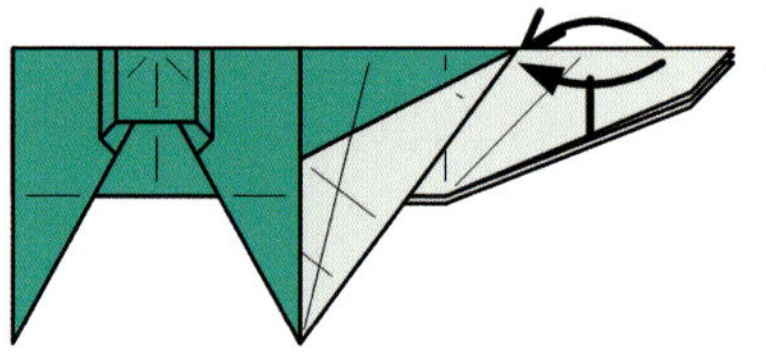

20 Falten Sie die oberste und unterste Lage auf die linke Seite.

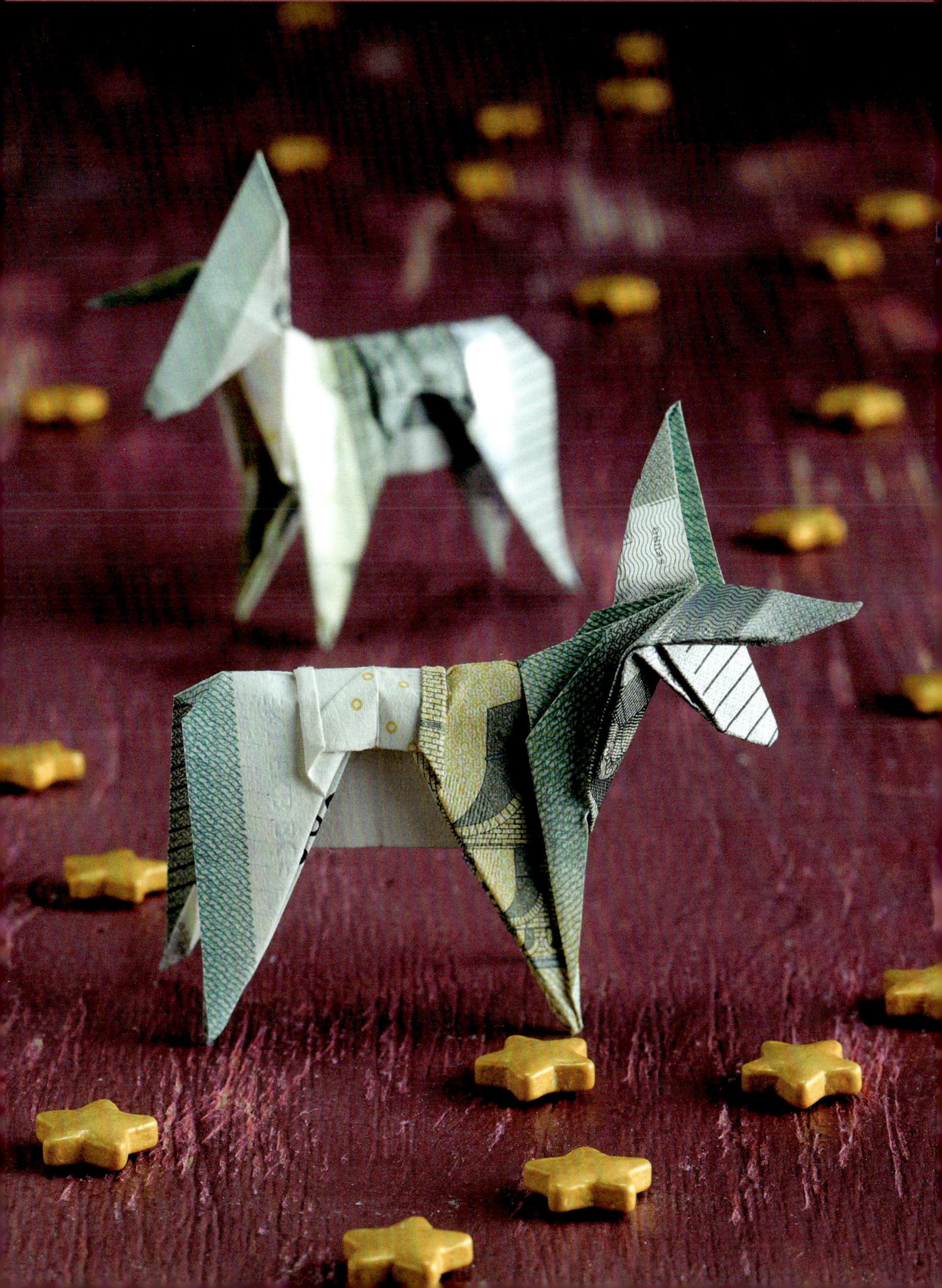

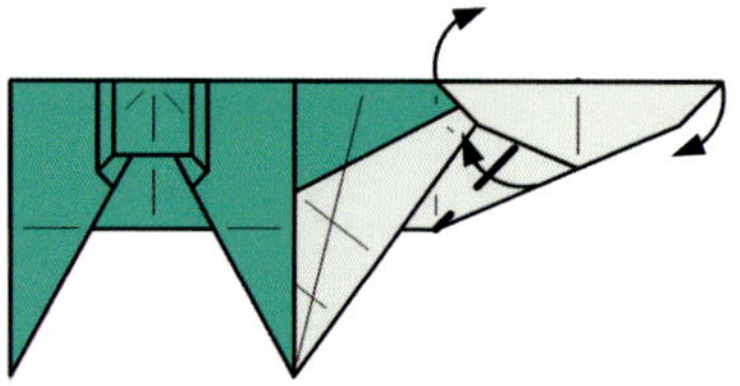

21 Falten Sie die Faltung aus Faltschritt 17 nach außen zurück.

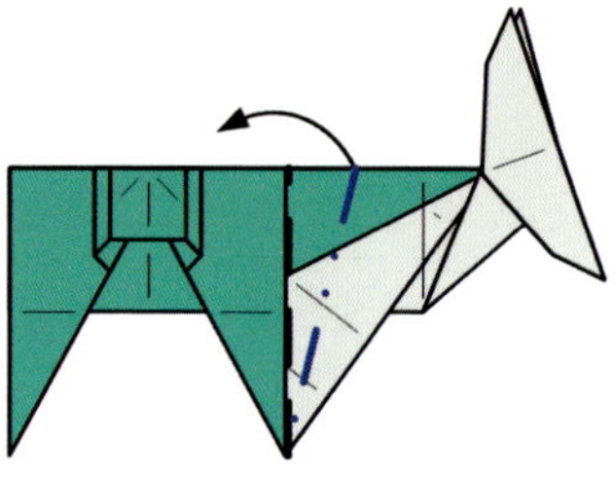

22 Öffnen Sie leicht den Esel und falten Sie die Berg- und Talfaltung. Die Bergfaltung ist die Faltung aus dem Faltschritt 14.

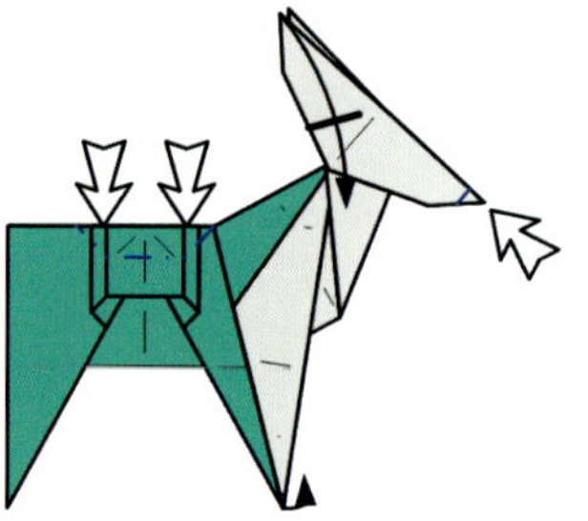

23 Formen Sie den Esel noch etwas aus. Ein Ohr wird nach unten gefaltet.

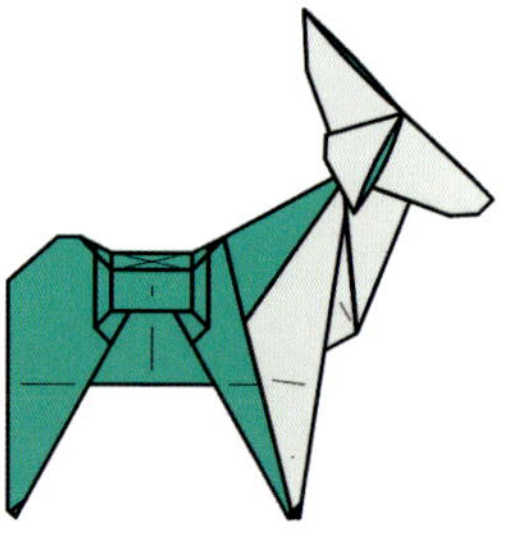

24 Der Esel mit Sattel ist nun fertig.

Für die Safari des Lebens

Büffel

MOTIVGRÖSSE
ca. 5 cm (z. B. 1000 YEN)

MATERIAL
Ein Geldschein

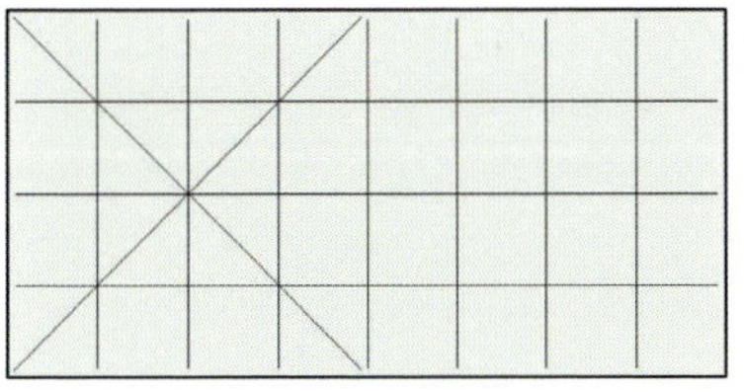

1 Falten Sie den Schein, wie in der Grundanleitung „Fächer 4 x 8" beschrieben. Falten Sie dort den Faltschritt 4 komplett und nicht als Markierungsfaltung aus.

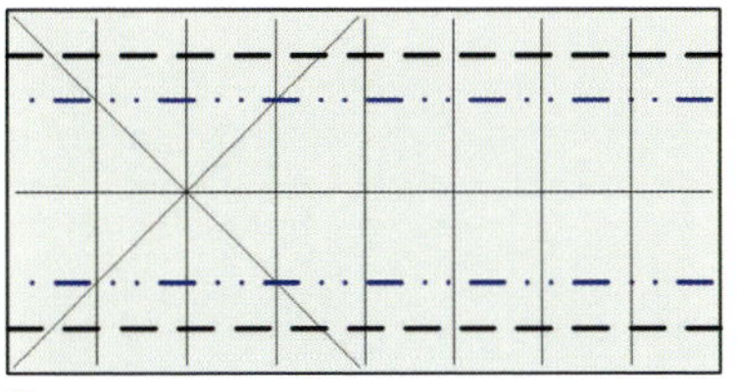

2 Bergfalten Sie den vorhandenen oberen und unteren Falz und falten Sie ihn auf die obere und untere Kante. Führen Sie dabei mittig eine Talfaltung aus. Falten Sie wieder auf.

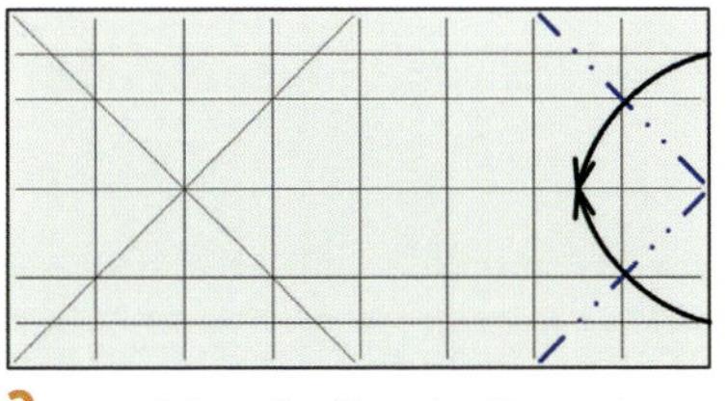

3 Bergfalten Sie die rechte Kante oben und unten auf die Mitte.

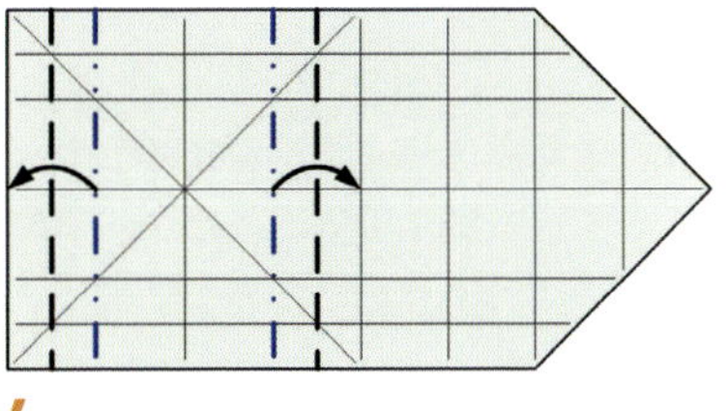

4 Bergfalten Sie den vorhandenen linken Falz und falten Sie ihn auf die linke Kante. Bergfalten Sie den vorhandenen dritten Falz und falten Sie ihn auf den vierten Falz. Führen Sie dabei mittig eine Talfaltung aus.

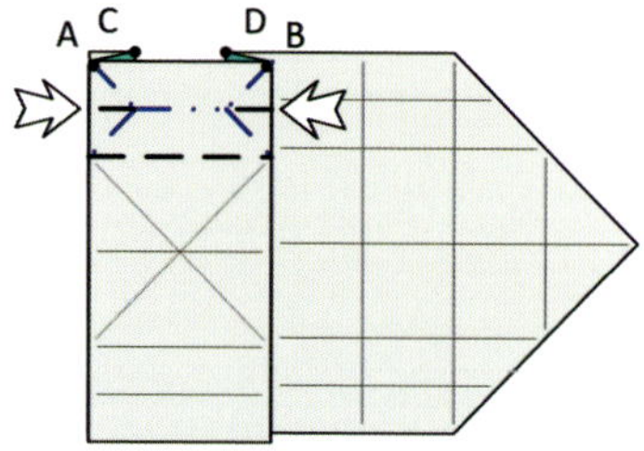

5 Bergfalten Sie den oberen Falz und talfalten Sie den zweiten Falz von oben. Drücken Sie dabei die linke und rechte Seite ein.

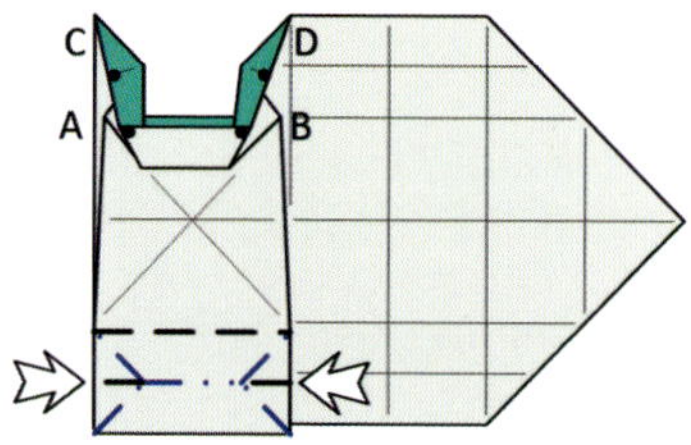

6 Wiederholen Sie den Faltschritt 5 mit der unteren Seite.

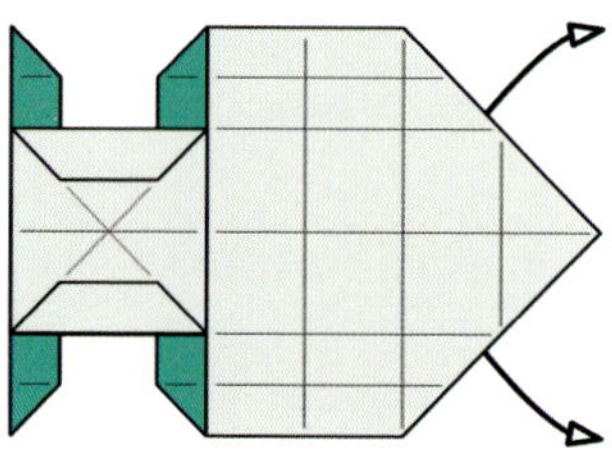

7 Falten Sie die rechten, hinten liegenden Lagen wieder auf.

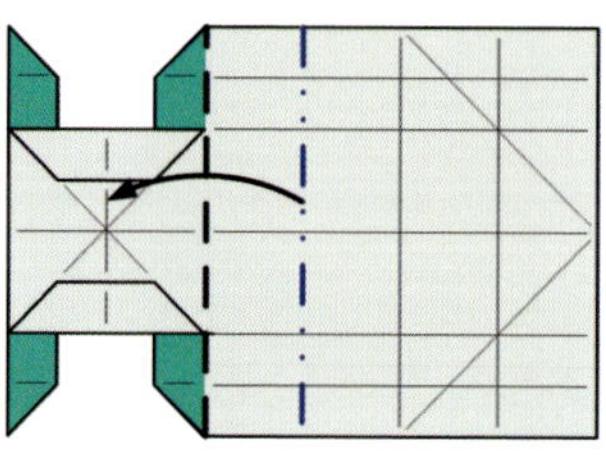

8 Tal- und bergfalten Sie den vorhandenen Falz nach links.

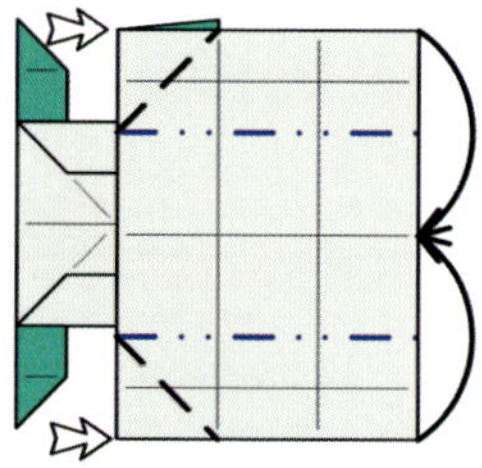

9 Bergfalten Sie die obere und untere Kante auf die Mitte und drücken Sie die Ecken dabei ein.

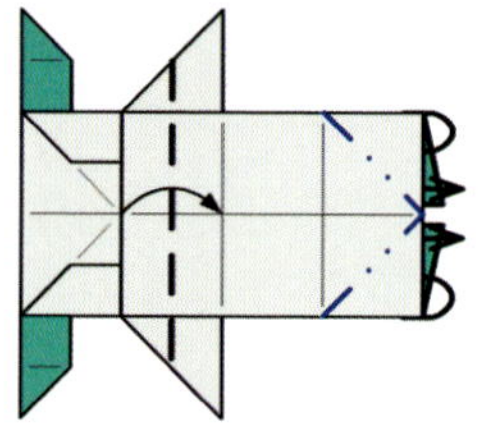

10 Talfalten Sie die obere Lage mittig nach rechts. Falte Sie die rechten zwei Ecken nach innen zurück.

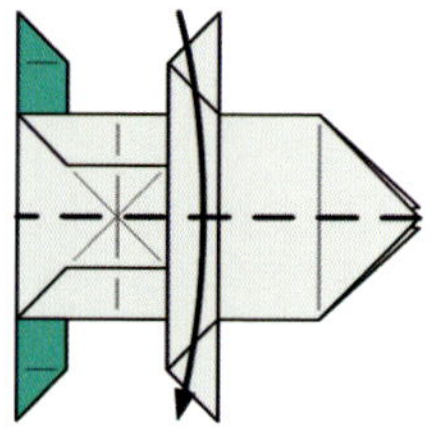

11 Falten Sie die obere Seite auf die untere Seite.

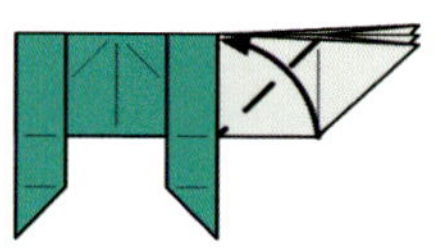

12 Talfalten Sie den Kopf 45° nach oben.

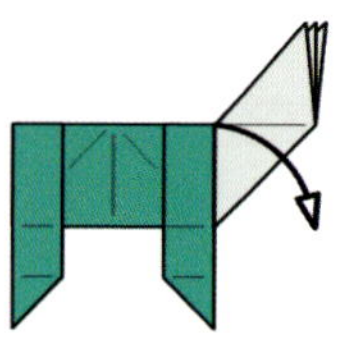

13 Falten Sie den Faltschritt 12 wieder auf.

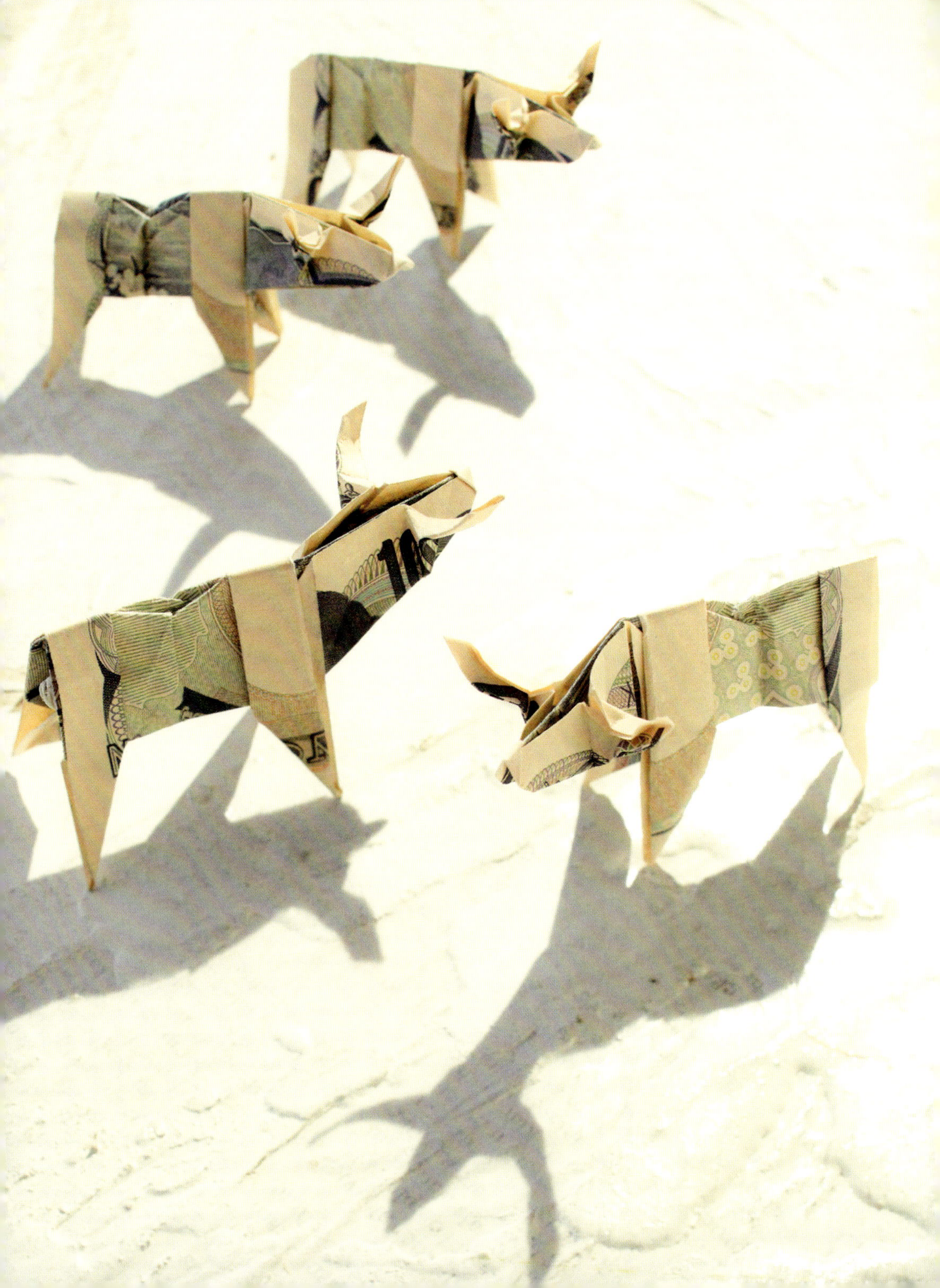

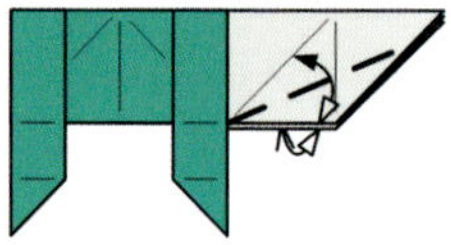

14 Talfalten Sie die untere Kante der oberen Lage auf den Falz aus Faltschritt 12. Falten Sie wieder auf. Wiederholen Sie den Faltschritt mit der hinteren Lage.

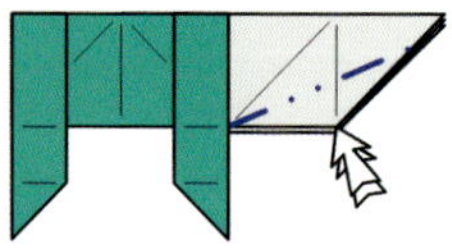

15 Falten Sie die Ecken offen nach innen. Dazu müssen Sie den Bereich leicht öffnen. Siehe Faltschritt 19 des Esels.

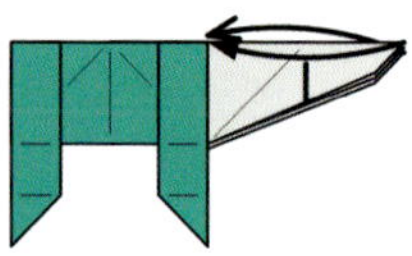

16 Falten Sie die oberste und unterste Lage auf die linke Seite.

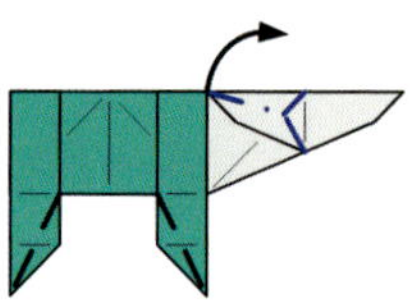

17 Talfalten Sie die vier Beine nach innen. Bergfalten Sie die Hörner mittig nach oben.

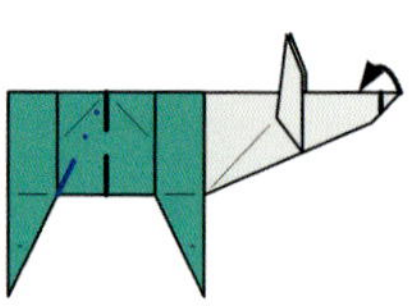

18 Talfalten Sie das Maul nach außen zurück. Die hinteren Beine werden nach außen zurück auf die Vorderbeine gefaltet.

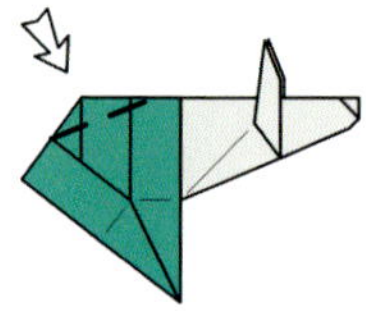

19 Talfalten Sie den Rücken und drücken Sie ihn nach innen.

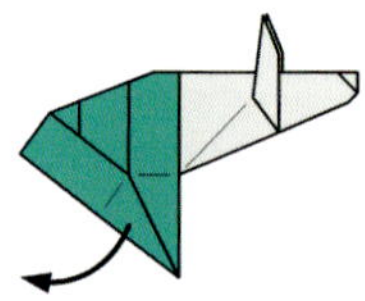

20 Ziehen Sie die Hinterbeine nach links.

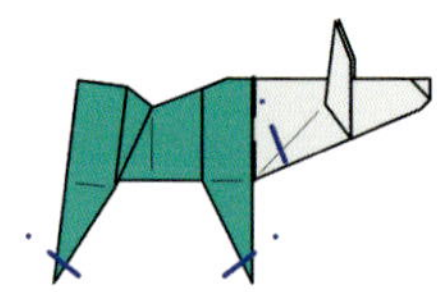

21 Formen Sie den Büffel aus, runden Sie dabei auch die Hörner.

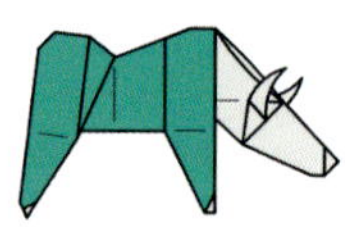

22 So sieht der fertige Büffel aus.

Mein Tipp für Sie

Falten Sie den Büffel nur bis einschließlich Faltschritt 19 und setzen Sie ihn als heulenden Wolf ein.

Ich lasse Dich nie im Regen stehen

Regenschirm

OTIVGRÖSSE
a. 8 cm x 10 cm (z. B. 5 GBP)

ATERIAL
- Drei Geldscheine pro Schirm
- Polystyrol Platte
- Serviette
- Je Schirm zwei Stecknadeln

Schirmoberteil

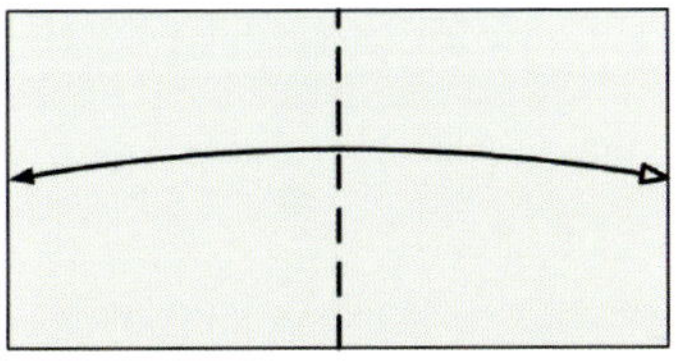

1 Talfalten Sie die rechte Kante auf die linke Kante. Falten Sie wieder auf.

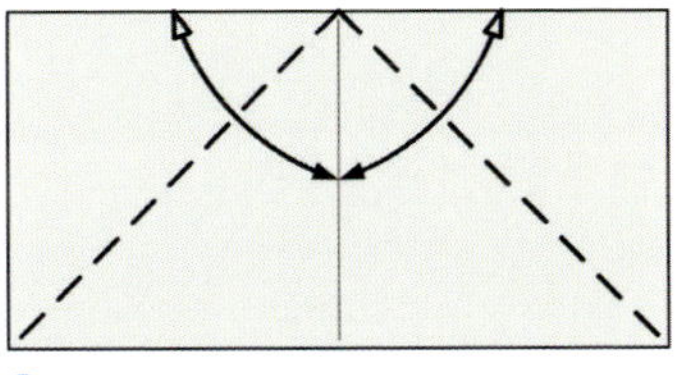

2 Talfalten sie die obere Kante auf den Mittelfalz. Falten Sie wieder auf.

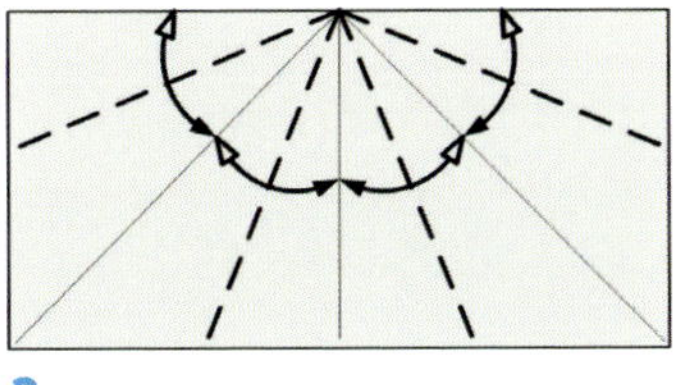

3 Falten Sie mittig zu den vorhandenen Faltungen und Kanten vier weitere Talfalten. Falten Sie dies wieder auf.

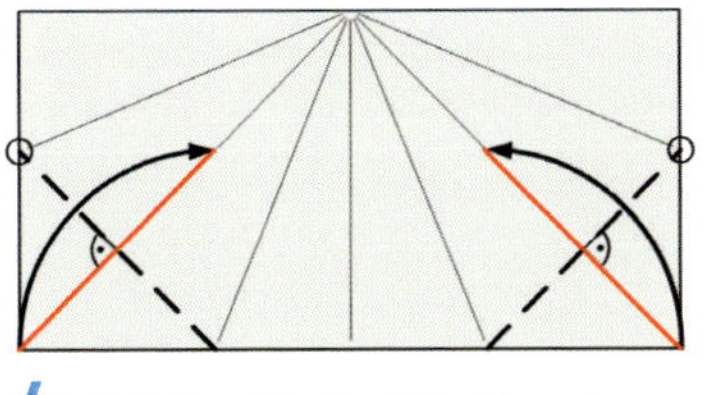

4 Talfalten Sie den Falz, hier rot markiert, auf sich selbst und beachten Sie die Hinweiskreise.

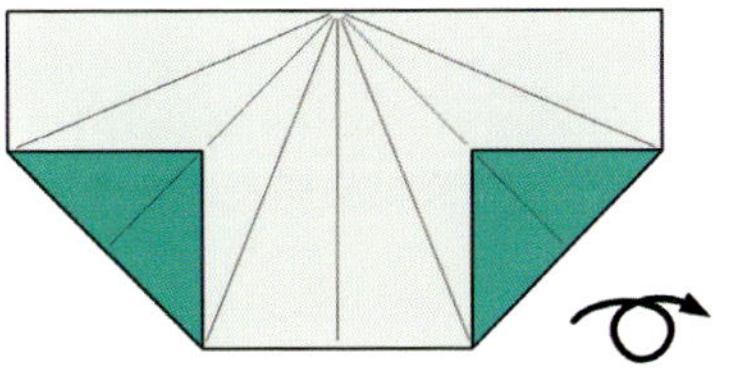

5 Wenden Sie den Schein.

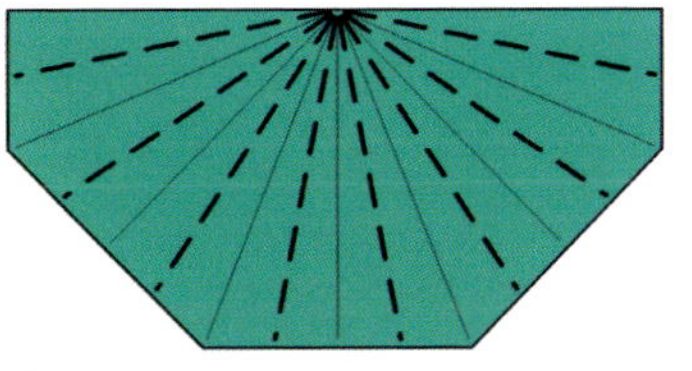

6 Falten Sie mittig zu den vorhandenen Faltungen und Kanten acht weitere Talfalten. Falten Sie wieder auf.

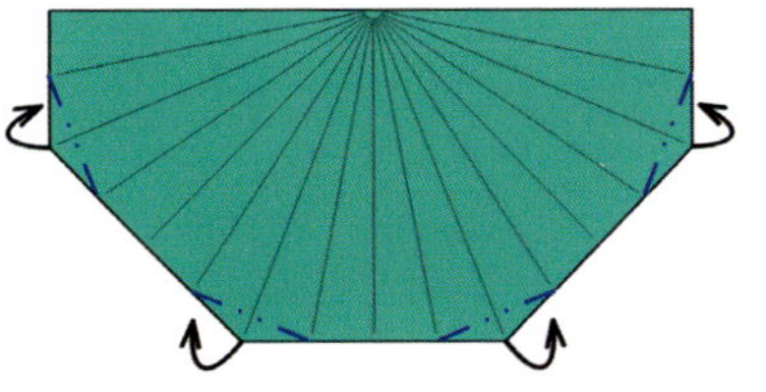

7 Bergfalten Sie die vier Ecken nach hinten.

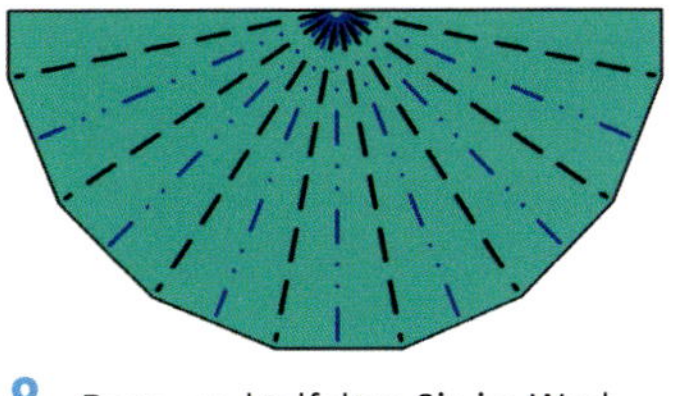

8 Berg- und talfalten Sie im Wechsel die vorhandenen Falten.

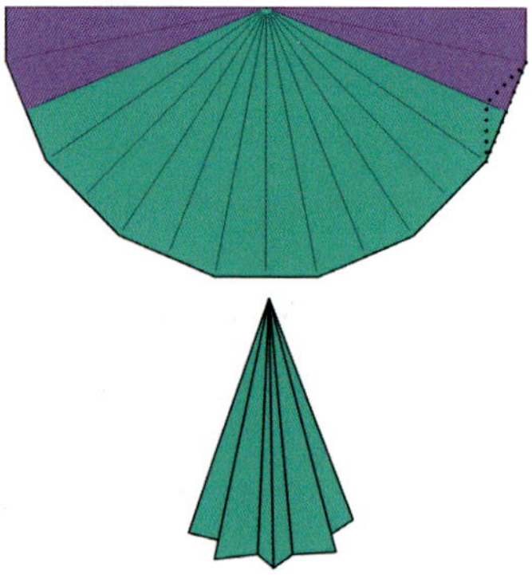

9 Falten Sie Faltschritt 8 und falten Sie die linken zwei Dreiecke unter die rechten zwei Dreiecke. Schieben Sie die linke Seite unter die rechte Faltung aus Faltschritt 7. Sie können den Schein auch mit Fotokleber fixieren.

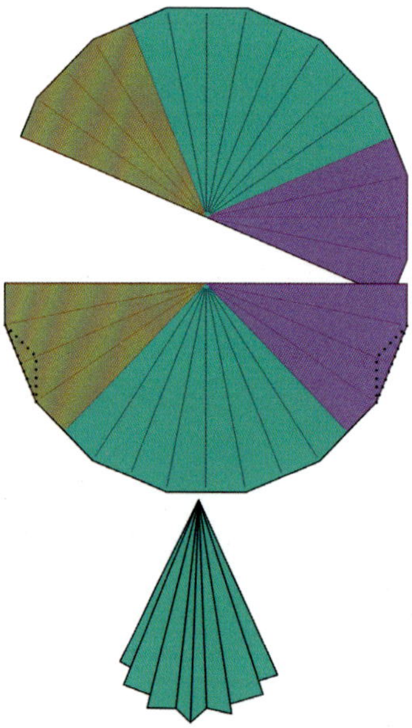

10 Für einen offeneren Schirm falten Sie einen zweiten Schein. Schieben Sie den oberen Schein unter den unteren Schein in die linke und rechte Faltung aus Faltschritt 7. Sie können die zwei Scheine auch mit Fotokleber fixieren. Falten Sie dabei den Faltschritt 8.

Schirmstiel

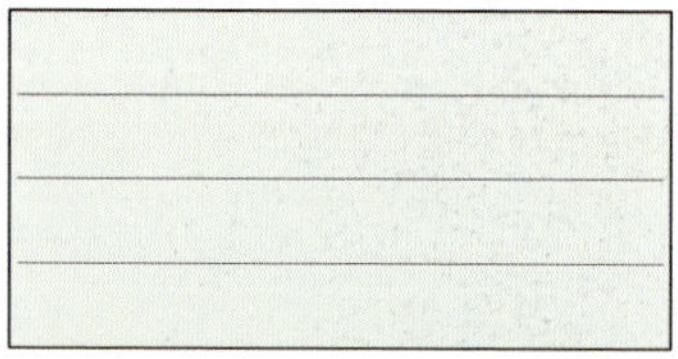

1 Falten Sie den Schein, wie in der Grundanleitung „Fächer 4 x 8“ beschrieben, bis einschließlich Faltschritt 4.

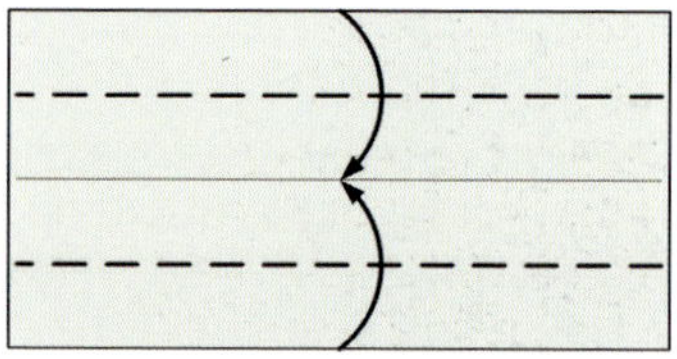

2 Talfalten Sie die obere und untere Kante auf die Mitte.

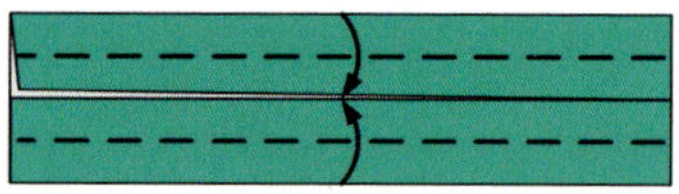

3 Talfalten Sie die obere und untere Kante auf die Mitte.

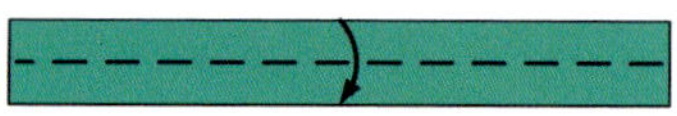

4 Talfalten Sie die obere Kante auf die untere Kante.

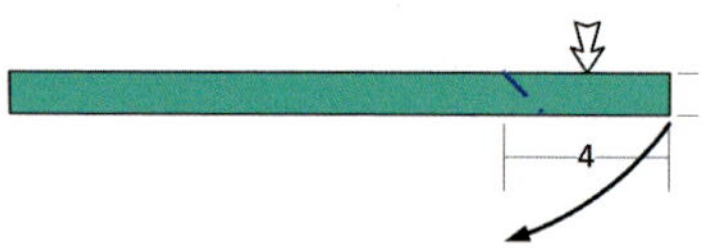

5 Der Schein ist jetzt recht dick. Falten Sie das rechte Ende nach innen zurück. Die Länge ist das Vierfache von der Höhe.

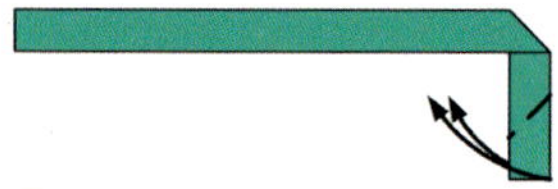

6 Falten Sie das untere Ende nach außen zurück.

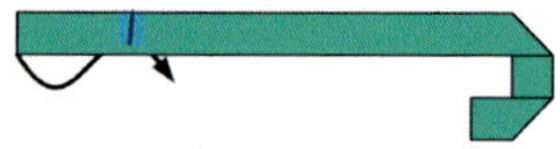

7 Bei langen Scheinen kann das linke Ende noch einmal nach innen zurück gefaltet werden. Da es im Inneren des Schirms liegt, muss die Faltung nicht sehr genau sein.

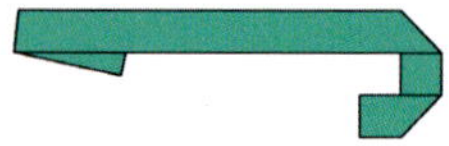

8 Stecken Sie den Schirm zusammen.

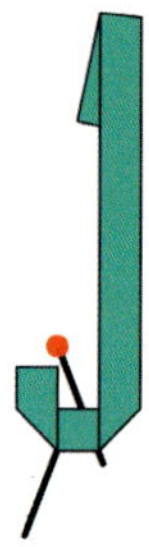

9 Stecken Sie schräg die zwei Nadeln in den Griff und fixieren Sie ihn auf der Unterlage (Polystyrol Platte).

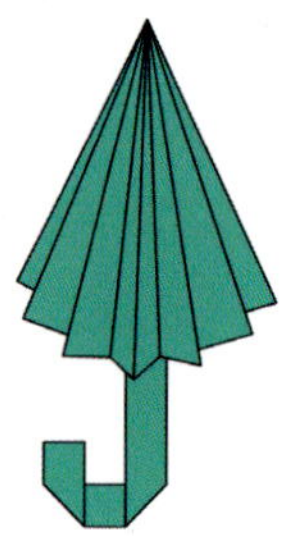

10 Setzen Sie das Schirmoberteil auf den Schirmstiel.

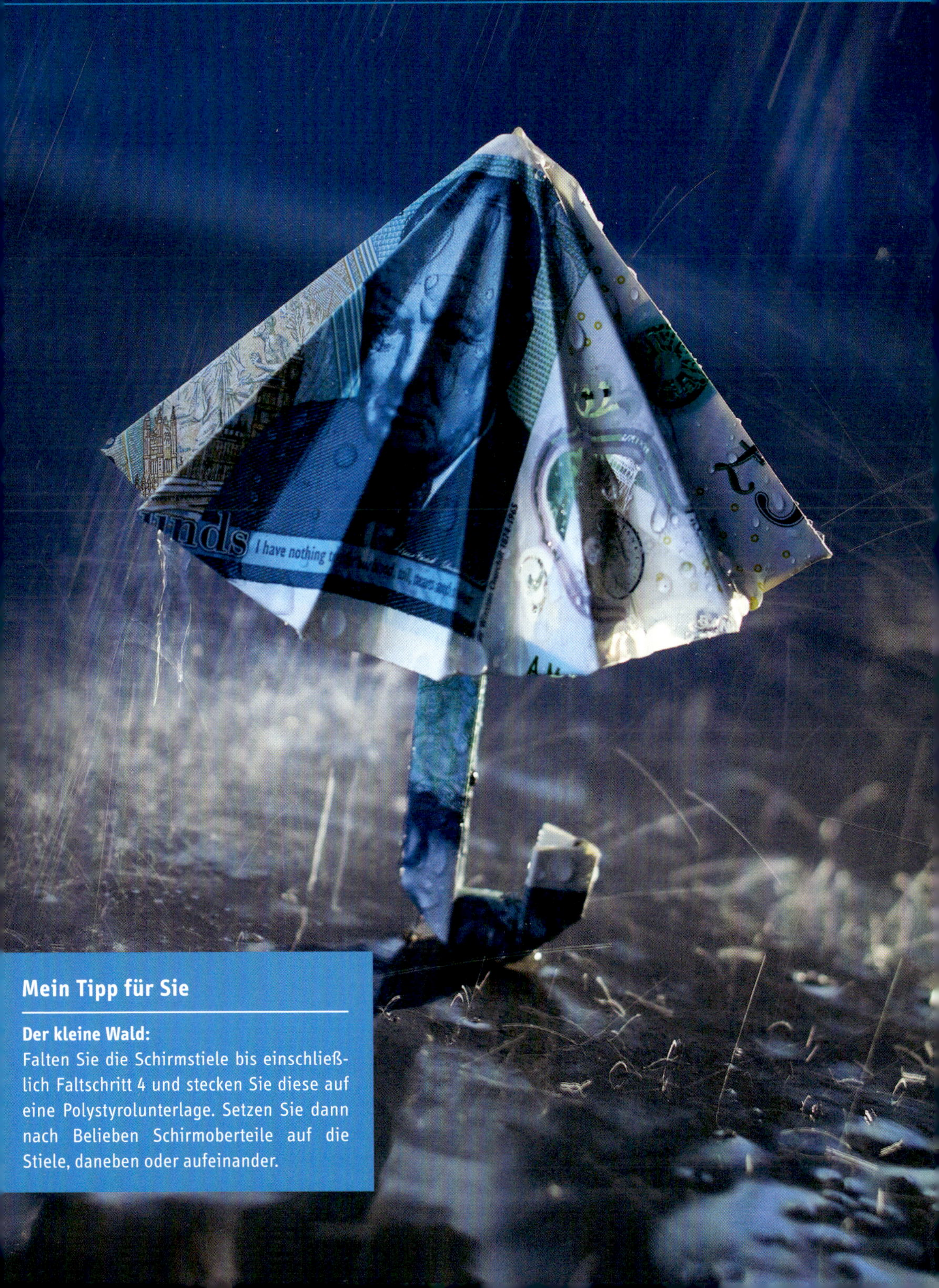

Mein Tipp für Sie

Der kleine Wald:
Falten Sie die Schirmstiele bis einschließlich Faltschritt 4 und stecken Sie diese auf eine Polystyrolunterlage. Setzen Sie dann nach Belieben Schirmoberteile auf die Stiele, daneben oder aufeinander.

Das wird schon wieder

Trostpflaster

MOTIVGRÖSSE
ca. 6 cm x 4 cm (z. B. 1000 YEN)

MATERIAL
- Ein Geldschein
- Schwarzer Fotokarton

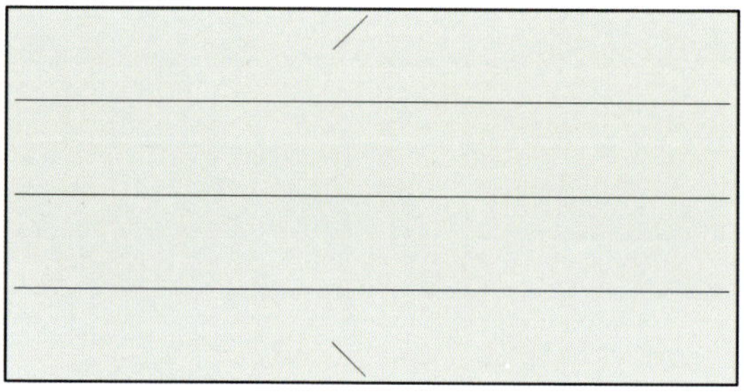

1 Falten Sie den Schein, wie in der Grundanleitung „Fächer 4 x 8" beschrieben bis einschließlich Faltschritt 5. Falten Sie den Schein dann auf.

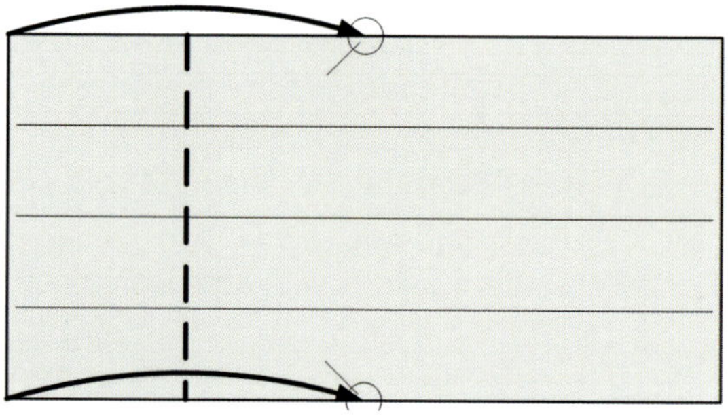

2 Talfalten Sie die linken Ecken auf die Markierungsfaltungen.

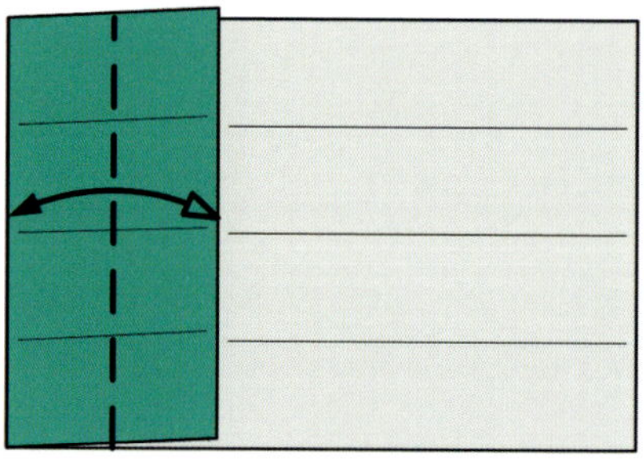

3 Talfalten Sie die rechte Kante auf die linke Kante. Falten Sie wieder auf.

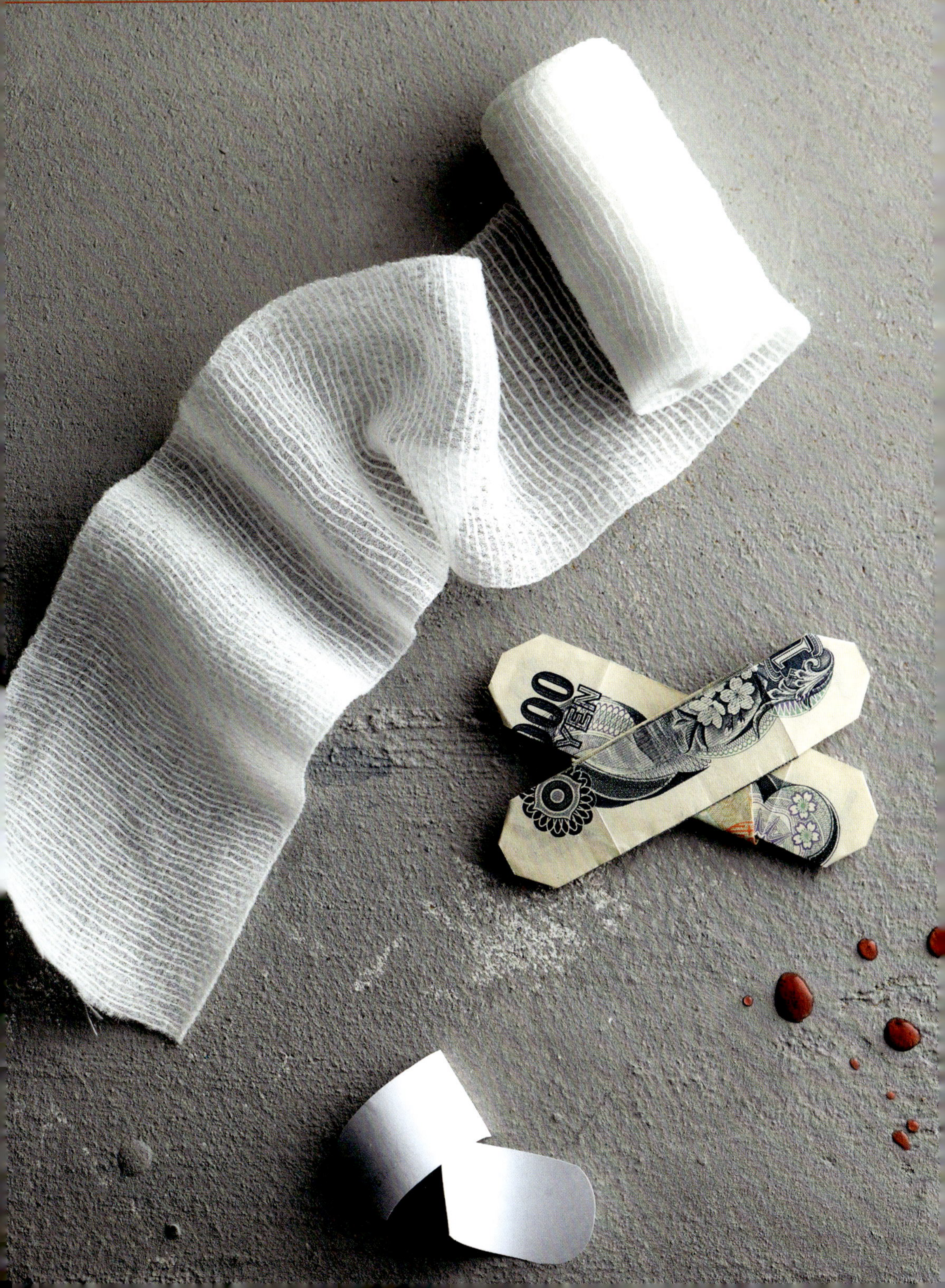

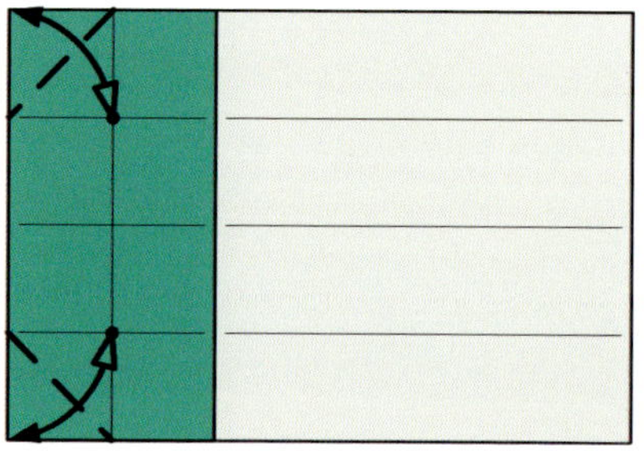

4 Talfalten Sie die zwei Ecken auf die Schnittpunkte der vorhandenen Faltungen. Falten Sie den Schein wieder auf.

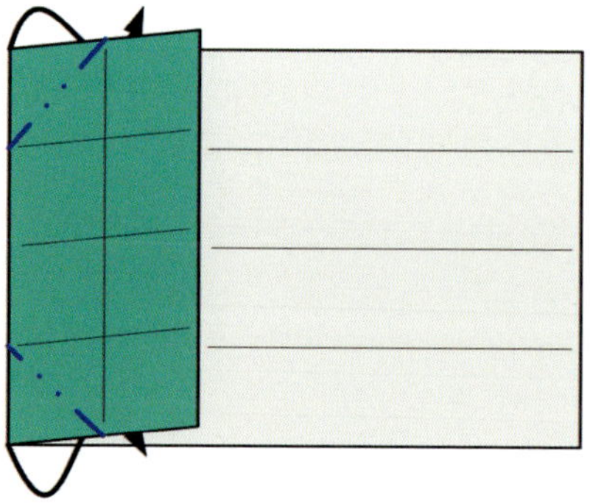

5 Die Faltungen aus Faltschritt 4 werden nach innen zurückgefaltet.

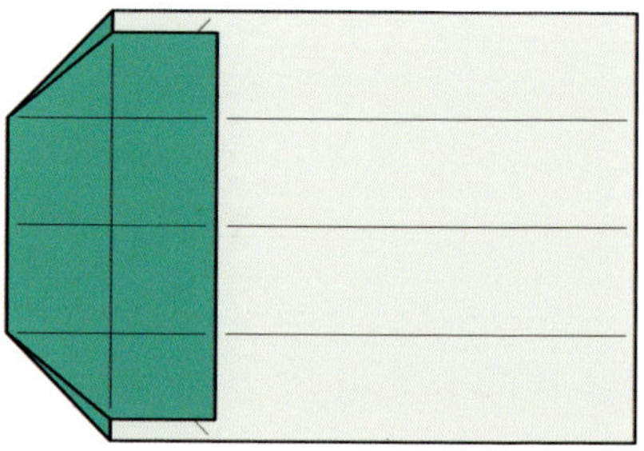

6 Wiederholen Sie nun die Faltschritte 1 bis 5 mit der rechten Seite.

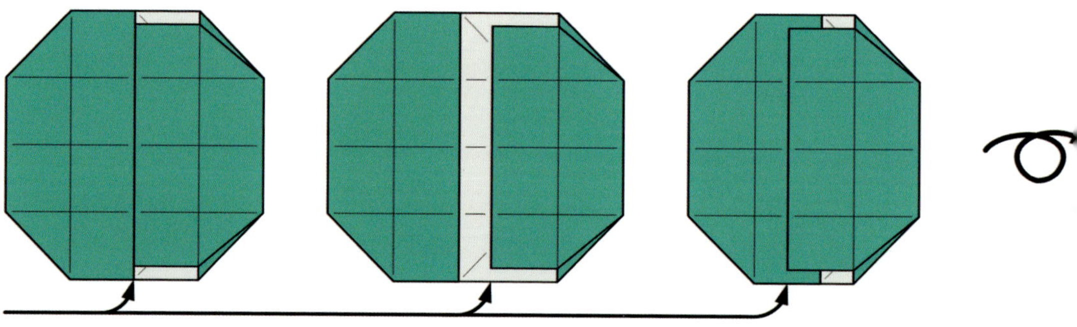

7 Je nach verwendetem Geldschein und verwendeter Währung kann der Abstand größer oder kleiner sein. Wenden Sie den Schein.

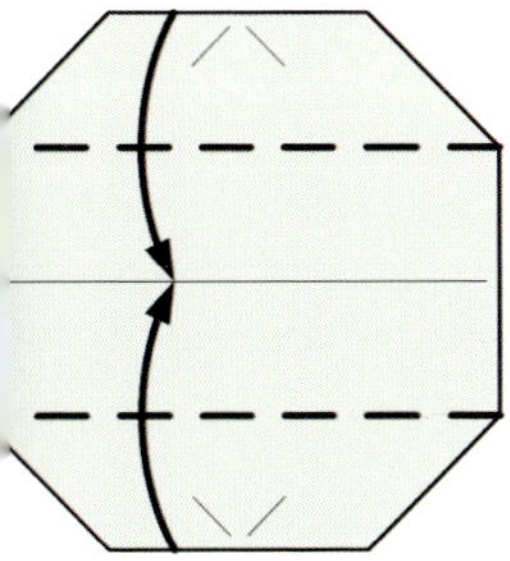

Talfalten Sie die obere Kante der oberen Lage und die ıtere Kante der oberen Lage auf die Mitte.

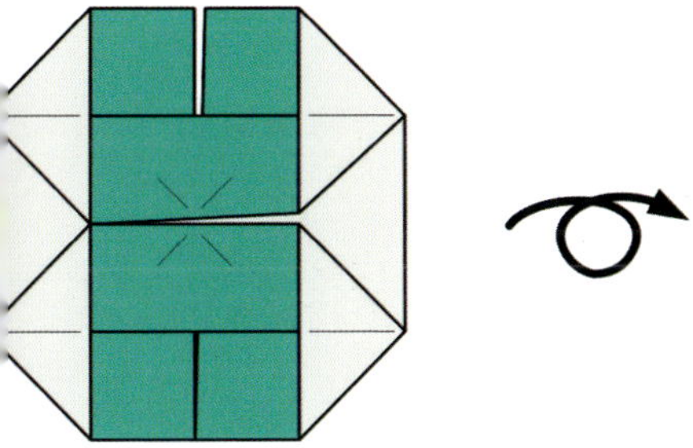

Drehen Sie den Schein um.

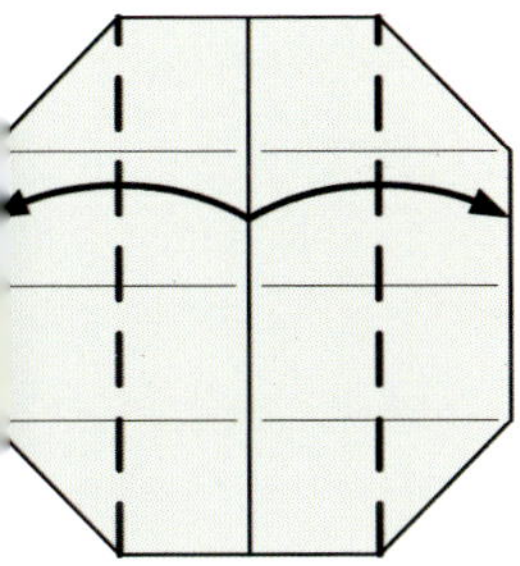

0 Talfalten Sie die obere Lage nach rechts und links.

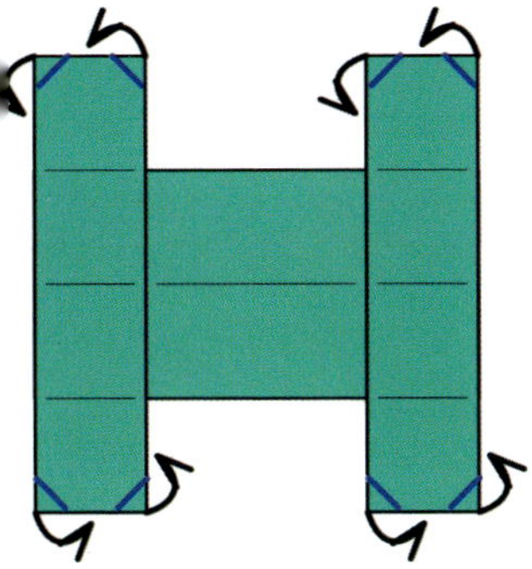

11 Runden Sie die acht Ecken.

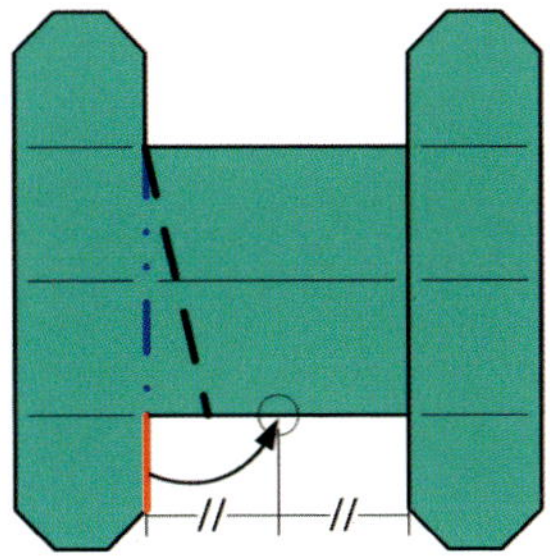

12 Falten Sie eine schräge Zickzackfaltung. Dabei muss die rote Kante auf der Mitte gefaltet werden.

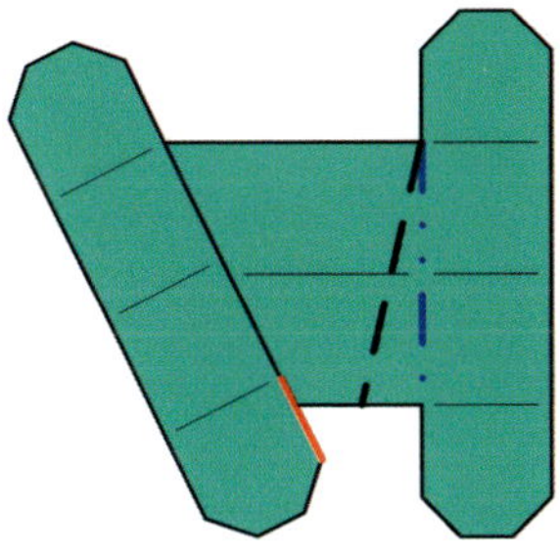

13 Wiederholen Sie den Faltschritt 12 mit der rechten Seite.

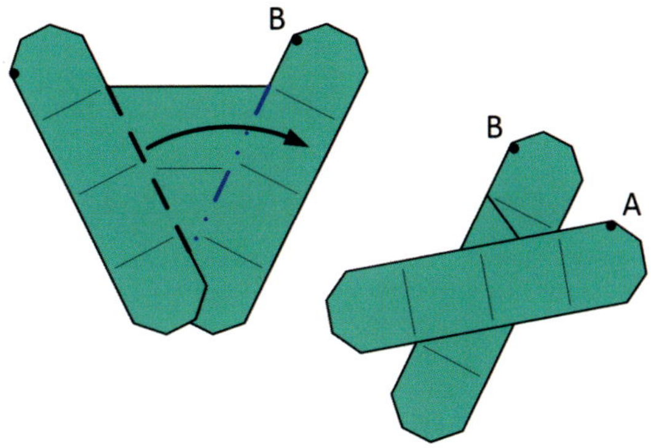

14 Bergfalten Sie die rechte Kante und talfalten Sie die linke Kante.

Viel Glück

Herz/Kleeblatt

MOTIVGRÖSSE

Herz ca. 5 cm x 5 cm
(z. B. 5 EUR, 10 CHF, 1000 YEN,
1 USD oder 10 RAND)

Kleeblatt 10 cm x 10 cm
(z. B. 5 EUR oder 5 GBP)

MATERIAL

- Ein Geldschein für das Herz
- Vier Geldscheine für das Kleeblatt

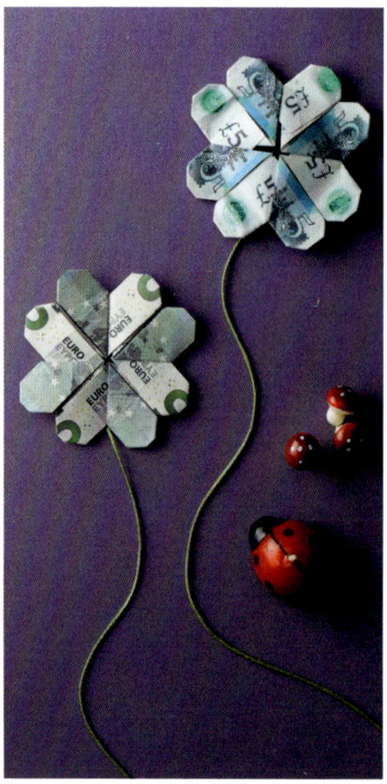

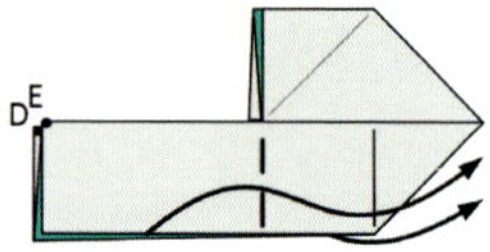

1 Falten Sie den Kinderwagen bis einschließlich Faltschritt 14. Falten Sie nach außen zurück. Richten Sie sich nach der oberen rechten, vertikalen Kante.

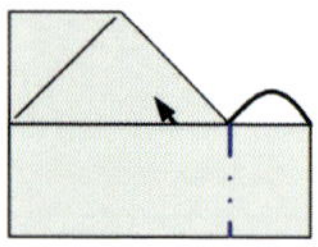

2 Bei längeren Scheinen falten Sie die rechte Seite nach innen zurück bis zur Spitze.

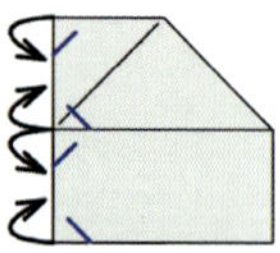

3 Talfalten Sie die vier Ecken nach hinten.

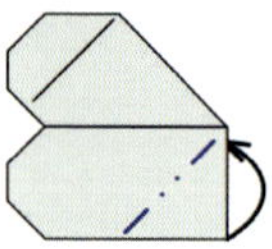

4 Für ein Herz falten Sie die Ecke auf die Rückseite. Für ein Kleeblatt falten Sie noch drei weitere Geldscheine.

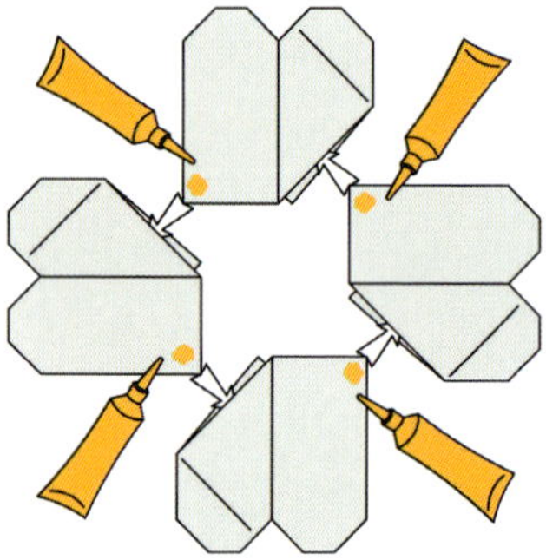

5 Bringen Sie Fotokleber an die vie
Ecken an und schieben Sie nacheinar
der die Lagen in den Zwischenraum.

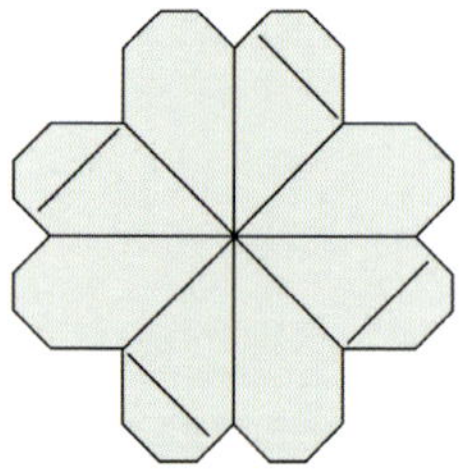

6 Das Kleeblatt ist vollendet.

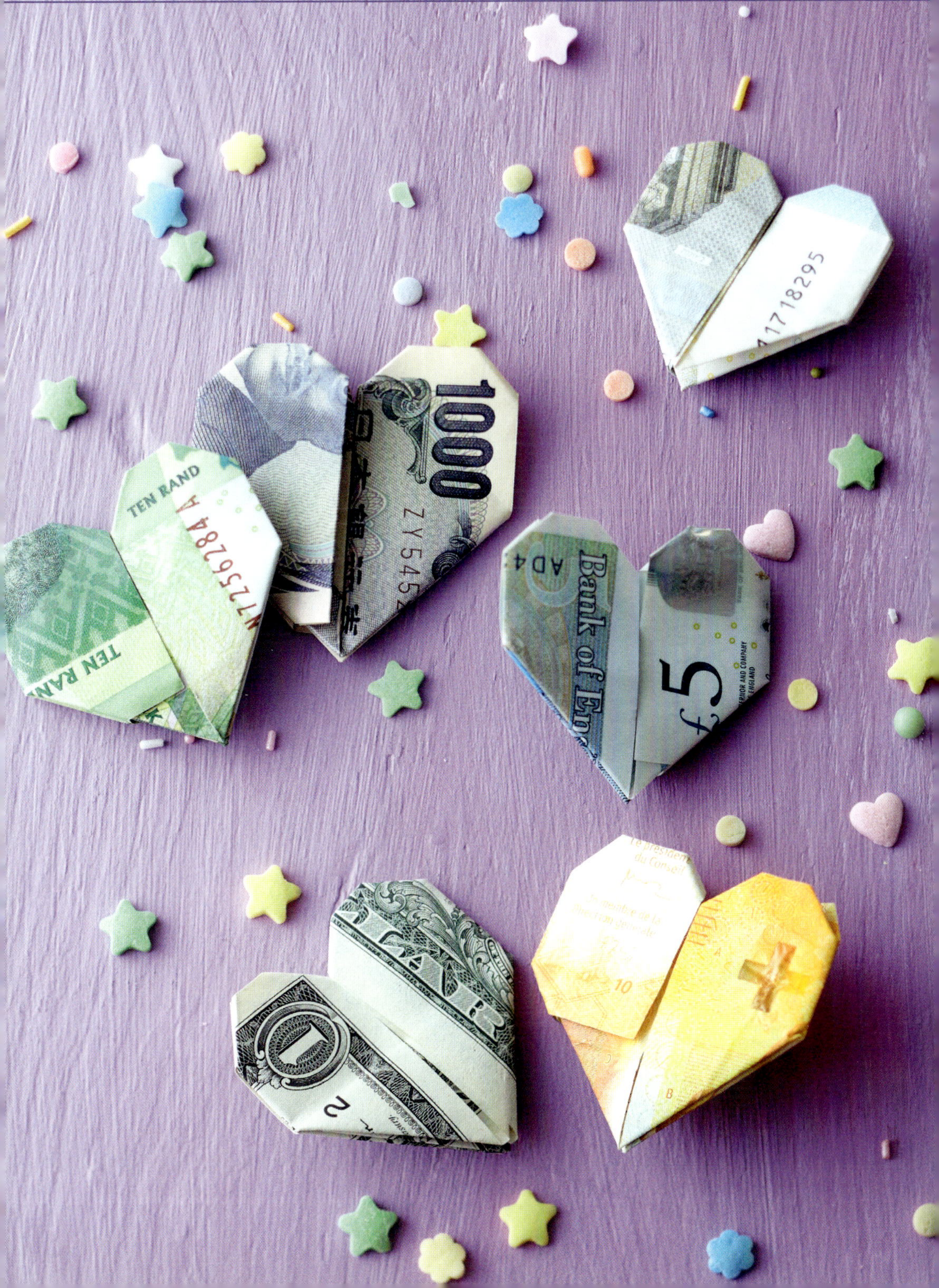
TEN RAND
1000
11718295

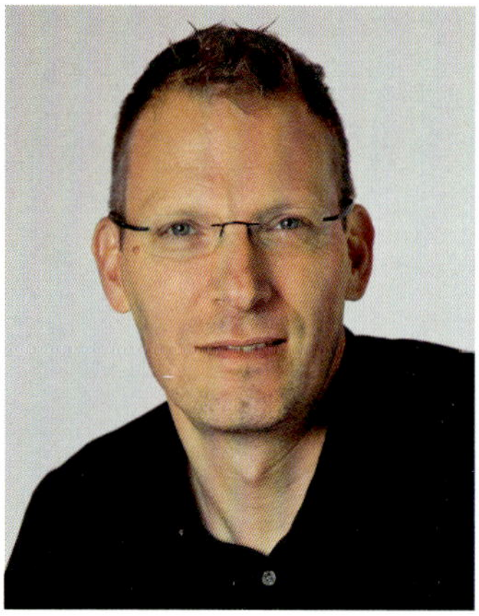

Dominik Meißner, 1966 in Berlin-Wilmersdorf geboren, begann bereits im Alter von zehn Jahren mit seinen ersten Papierfaltarbeiten. Seit 1985 entwickelt der Diplom-Informatiker seine Origami-Objekte professionell selbst. Neben seinem Hauptberuf als Web-Entwickler beschäftigt er sich täglich ca. 4–5 Stunden mit Origami. Dominik Meißner lebt heute mit seiner Familie im Saarland. www.orime.de.

TOPP – Unsere Servicegarantie

WIR SIND FÜR SIE DA! Bei Fragen zu unserem umfangreichen Programm oder Anregungen freuen wir uns über Ihren Anruf oder Ihre Post. Loben Sie uns, aber scheuen Sie sich auch nicht, Ihre Kritik mitzuteilen – sie hilft uns, ständig besser zu werden.

Bei Fragen zu einzelnen Materialien oder Techniken wenden Sie sich bitte an unseren Kreativservice, Frau Erika Noll.

mail@kreativ-service.info
Telefon 0711 / 123 757 20

Das Produktmanagement erreichen Sie unter:

pm@frechverlag.de
oder:
frechverlag
Produktmanagement
Turbinenstraße 7
70499 Stuttgart
Telefon 07 11 / 8 30 86 68

LERNEN SIE UNS BESSER KENNEN! Fragen Sie Ihren Hobbyfach- oder Buchhändler nach unserem kostenlosen Magazin **Meine kreative Welt**. Darin entdecken Sie zweimal im Jahr die neuesten Kreativtrends und interessantesten Buchneuheiten.

Oder besuchen Sie uns im Internet! Unter **www.topp-kreativ.de** können Sie sich über unser umfangreiches Buchprogramm informieren, unsere Autoren kennenlernen sowie aktuelle Highlights und neue Kreativtechniken entdecken, kurz – die ganze Welt der Kreativität.

Kreativ immer up to date sind Sie mit unserem monatlichen **Newsletter** mit den aktuellsten News aus dem frechverlag, Gratis-Bastelanleitungen und attraktiven Gewinnspielen.

IMPRESSUM

MODELLE: Dominik Meißner
FOTOS: lichtpunkt
PRODUKTMANAGEMENT und LEKTORAT: Lina Kirch, Selina Meier
HERSTELLUNG: Jessica Siebert
GESTALTUNG: Fotosatz H. Buck
DRUCK: POLYGRAF PRINT spol. s r.o.

1. Auflage 2021

ISBN 978-3-7724-4439-6 • Best.-Nr. 4439